WO IN SIMPLE SPANISH

Learn Spanish the Fun Way
with Topics that Matter

For Low- to High-Intermediate Learners (CEFR B1–B2)

by Olly Richards

Edited by Eleonora Calviello
Nicolás Walsh, Academic Editor

World War II in Simple Spanish: Learn Spanish the Fun Way With Topics that Matter

FREE STORYLEARNING®
KIT

Discover how to learn foreign languages faster & more effectively through the power of story.

Your free video masterclasses, action guides, & handy printouts include:

- A simple six-step process to maximise learning from reading in a foreign language

- How to double your memory for new vocabulary from stories

- Planning worksheet (printable) to learn faster by reading more consistently

- Listening skills masterclass: "How to effortlessly understand audio from stories"

- How to find willing native speakers to practise your language with

To claim your FREE StoryLearning® Kit, visit:

www.storylearning.com/kit

WE DESIGN OUR BOOKS TO BE INSTAGRAMMABLE!

Post a photo of your new book to Instagram

using #storylearning and you'll get an entry

into our monthly book giveaways!

Tag us **@storylearningpress** to make sure we see you!

BOOKS BY OLLY RICHARDS

Olly Richards writes books to help you learn languages through the power of story. Here is a list of all currently available titles:

Short Stories in Danish For Beginners

Short Stories in Dutch For Beginners

Short Stories in English For Beginners

Short Stories in French For Beginners

Short Stories in German For Beginners

Short Stories in Icelandic For Beginners

Short Stories in Italian For Beginners

Short Stories in Norwegian For Beginners

Short Stories in Brazilian Portuguese For Beginners

Short Stories in Russian For Beginners

Short Stories in Spanish For Beginners

Short Stories in Swedish For Beginners

Short Stories in Turkish For Beginners

Short Stories in Arabic for Intermediate Learners

Short Stories in English for Intermediate Learners

Short Stories in Italian for Intermediate Learners

All titles are also available as audiobooks. Just search your favourite store!

For more information visit Olly's author page at:
www.storylearning.com/books

ABOUT THE AUTHOR

 Olly Richards is a foreign language expert and teacher. He speaks eight languages and has authored over 30 books. He has appeared in international press, from the BBC and the Independent to El País and Gulf News. He has featured in language documentaries and authored language courses for the Open University.

Olly started learning his first foreign language at the age of 19, when he bought a one-way ticket to Paris. With no exposure to languages growing up, and no natural talent for languages, Olly had to figure out how to learn French from scratch. Twenty years later, Olly has studied languages from around the world and is considered an expert in the field.

Through his books and website, StoryLearning.com, Olly is known for teaching languages through the power of story – including the book you are holding in your hands right now!

You can find out more about Olly, including a library of free training, at his website:

www.storylearning.com

CONTENTS

INTRODUCTION

I have a golden rule when it comes to improving your level and becoming fluent in a foreign language: Read around your interests. When you spend your time reading foreign language content on a topic you're interested in, a number of magical things happen. Firstly, you learn vocabulary that is relevant to your interests, so you can talk about topics that you find meaningful. Secondly, you find learning more enjoyable, which motivates you to keep learning and studying. Thirdly, you develop the habit of spending time in the target language, which is the ultimate secret to success with a language. Do all of this, and do it regularly, and you are on a sure path to fluency.

But there is a problem. Finding learner-friendly resources on interesting topics can be hard. In fact, as soon as you depart from your textbooks, the only way to find material that you find interesting is to make the leap to native-level material. Needless to say, native-level material, such as books and podcasts, is usually far too hard to understand or learn from. This can actually work against you, leaving you frustrated and demotivated at not being able to understand the material.

In my work as a language educator, I have run up against this obstacle for years. I invoke my golden rule: "Spend more time immersed in your target language!", but when students ask me where to find interesting material at a suitable level, I have no answer. That is why I write my books, and why I created this series on non-fiction. By creating learner-friendly material on interesting and important topics, I hope to make it possible to learn your target language faster, more effectively, and more enjoyably, while learning about things that matter to you. Finally, my golden rule has become possible to follow!

World War II

If there is one historical event that defines our lives to this day and has sparked the imagination of thousands of works of fiction and academic studies, it is World War II. The impact of the events that unfolded between 1939 and 1945 is undeniable, and many devote their lives to studying this period and continue to discuss its historical, social, geographical, and political implications.

So, what better way to improve your Spanish than to learn about World War II?

World War II in Simple Spanish is the ideal companion to help those with an interest in history improve their Spanish. Not only will you learn the vocabulary you need to talk about history in Spanish but you will also deepen your knowledge about the events of World War II, their social impact, and some of the less-known players of the period (both at home and on the battlefield). Written in a simple style that makes the history easier to understand, you will nonetheless have the satisfaction of reading through a genuine historical text in your target language.

Informative, comprehensive, apolitical, and reviewed at PhD level for historical accuracy, this book is the perfect way to improve your Spanish while learning about one of the most fascinating periods of modern history.

HOW TO USE THIS BOOK

There are many possible ways to use a resource such as this, which is written entirely in Spanish. In this section, I would like to offer my suggestions for using this book effectively, based on my experience with thousands of students and their struggles.

There are two main ways to work with content in a foreign language:

1. Intensively

2. Extensively

Intensive learning is when you examine the material in great detail, seeking to understand all the content – the meaning of vocabulary, the use of grammar, the pronunciation of difficult words, etc. You will typically spend much longer with each section and, therefore, cover less material overall. Traditional classroom learning generally involves intensive learning.

Extensive learning is the opposite of intensive. To learn extensively is to treat the material for what it is – not as the object of language study, but rather as content to be enjoyed and appreciated. To read a book for pleasure is an example of extensive reading. As such, the aim is not to stop and study the language that you find, but rather to read (and complete) the book.

There are pros and cons to both modes of study and, indeed, you may use a combination of both in your approach. However, the "default mode" for most people is to study *intensively*. This is because there is the inevitable temptation to investigate anything you do not understand in the pursuit of progress and hope to eliminate all mistakes. Traditional language education trains us to do this. Similarly, it is not obvious to many readers how extensive study can be effective. The uncertainty and ambiguity can be uncomfortable: "There's so much I don't understand!"

In my experience, people have a tendency to drastically overestimate what they can learn from intensive study and drastically underestimate what they can gain from extensive study. My observations are as follows:

- **Intensive learning**: Although it is intuitive to try to "learn" something you don't understand, such as a new word, there is no guarantee you will actually manage to "learn" it! Indeed, you will be familiar with the feeling of trying to learn a new word, only to forget it shortly afterwards! Studying intensively is also time-consuming, meaning you can't cover as much material.

- **Extensive learning**: By contrast, when you study extensively, you cover huge amounts of material and give yourself exposure to much more content in the language than you otherwise would. In my view, this is the primary benefit of extensive learning. Given the immense size of the task of learning a foreign language, extensive learning is the only way to give yourself the exposure to the language that you need in order to stand a chance of acquiring it. You simply can't learn everything you need in the classroom!

When put like this, extensive learning may sound quite compelling! However, there is an obvious objection: "But how do I *learn* when I'm not looking up or memorising things?" This is an understandable doubt if you are used to a traditional approach to language study. However, the truth is that you can learn an extraordinary amount *passively* as you read and listen to the language, but only if you give yourself the opportunity to do so! Remember, you learned your mother tongue passively. There is no reason you shouldn't do the same with a second language!

Here are some of the characteristics of studying languages extensively:

Aim for completion: When you read material in a foreign language, your first job is to make your way through from beginning to end. Read to the end of the chapter or listen to the entire audio without worrying about things you don't understand. Set your sights on the finish line and don't get distracted. This is a vital behaviour to foster because it trains you to enjoy the material before you start to get lost in the details. This is how you read or listen to things in your native language, so it's the perfect thing to aim for!

Read for gist: The most effective way to make headway through a piece of content in another language is to ask yourself: "Can I follow the gist of what's going on?" You don't need to understand every word, just the main ideas. If you can, that's enough! You're set! You can understand and enjoy a great amount with gist alone, so carry on through the material and enjoy the feeling of making progress! If the material is so hard that you struggle to understand even the gist, then my advice for you would be to consider easier material.

Don't look up words: As tempting as it is to look up new words, doing so robs you of time that you could spend reading the material. In the extreme, you can spend so long looking up words that you never finish what you're reading. If you come across a word you don't understand... Don't worry! Keep calm and carry on. Focus on the goal of reaching the end of the chapter. You'll probably see that difficult word again soon, and you might guess the meaning in the meantime!

Don't analyse grammar: Similarly to new words, if you stop to study verb tenses or verb conjugations as you go, you'll never make any headway with the material. Try to *notice* the grammar that's being used (make a mental note) and carry on. Have you spotted some unfamiliar grammar? No problem. It can wait. Unfamiliar grammar rarely prevents you from understanding the gist of a passage, but can completely derail your reading if you insist on looking up and studying every grammar point you encounter. After a while, you'll be surprised by how this "difficult" grammar starts to become "normal"!

You don't understand? Don't worry! The feeling you often have when you are engaged in extensive learning is: "I don't understand". You may find an entire paragraph that you don't understand or that you find confusing. So, what's the best response? Spend the next hour trying to decode that difficult paragraph? Or continue reading regardless? (Hint: It's the latter!) When you read in your mother tongue, you will often skip entire paragraphs you find boring, so there's no need to feel guilty about doing the same when reading Spanish. Skipping difficult passages of text may feel like cheating, but it can, in fact, be a mature approach to reading that allows you to make progress through the material and, ultimately, learn more.

If you follow this mindset when you read Spanish, you will be training yourself to be a strong, independent Spanish learner who doesn't have to rely on a teacher or rule book to make progress and enjoy learning. As you will have noticed, this approach draws on the fact that your brain can learn many things naturally, without conscious study. This is something that we appear to have forgotten with the formalisation of the education system. But, speak to any accomplished language learner and they will confirm that their proficiency in languages comes not from their ability to memorise grammar rules, but from the time they spend reading, listening to, and speaking the language, enjoying the process, and integrating it into their lives.

So, I encourage you to embrace extensive learning, and trust in your natural abilities to learn languages, starting with… The contents of this book!

THE FIVE-STEP READING PROCESS

Here is my suggested five-step process for making the most of each chapter in this book:

1. **Read the short key points summarizing the chapter.** This is important, as it sets the context for the whole chapter, helping you understand what you are about to read. Take note of the main points discussed in each sub-section and if you need to remember what you should be focusing on, go back to the key points section.

2. **Read the short chapter all the way through without stopping.** Your aim is simply to reach the end of the section, so do not stop to look up words and do not worry if there are things you do not understand. Simply try to follow the gist of the chapter.

3. **Go back and read the same sub-section a second time.** If you like, you can read in more detail than before, but otherwise simply read it through one more time, using the vocabulary list to check unknown words and phrases where necessary.

4. By this point, you should be able to follow the gist of the chapter. **You might like to continue to read the same section a few more times until you feel confident.** Ask yourself: "Did I learn anything new about World War II? Were any facts surprising?"

5. **Move on!** There is no need to understand every word in each paragraph, and the greatest value from the book comes from reading it through to completion! Move on to the next section and do your best to enjoy the content at your own pace.

At every stage of the process, there will inevitably be parts you find difficult. Instead of worrying about the things you don't understand, try to focus instead on everything that you do understand, and congratulate yourself for the hard work you are putting into improving your Spanish.

A NOTE FROM THE EDITOR

In this text, the reader will find an interesting re-telling of the events of World War II (WWII). This book covers not only the well-known events and battles you may have learnt about in school but also some of the less-known but just as important aspects of the most momentous armed conflict in human history. The various characters involved, the impact of the war on Latin America, and the consequences of the conflict for humanity as a whole are described throughout the chapters in a way that is both simple and thought-provoking. Each chapter takes into consideration new and original ways of looking at WWII, placing emphasis on different events and processes that occurred simultaneously throughout the war, both on the battlefield and at home, and have shaped modern history as we know it. To this day, many historians continue to investigate and discuss the importance of these events and changes, applying different ideologies and relying on contrasting academic sources too numerous to include in any single book.

The second World War is one of the most studied topics in modern history – both for the events that took place during the conflict and for the consequences ensuing from it. In particular, the rise of the great political superpowers of the time deepened the sense of tension between right- and left-wing ideologies that had been evident since the French Revolution onwards.

World War I and the Great Depression are also key points to fully understand this conflict. World War I, for instance, was the direct consequence of the alliances formed between the world's greatest superpowers during the preceding decades and evolved into a race for supremacy in Europe. This did not end in 1918, however, but rather it exacerbated the tension between the aforementioned powers of left and right. The Russian revolution in 1917 only served to further ignite tensions. Similarly, the Great Depression of the 1930s was the worst economic crisis the world had ever seen, starting in the United States and later affecting the rest of the world. This crisis led to the increasing popularity of fascist movements by presenting them as an alternative to liberalism and democracy and as a critique of society as a whole. In this context, extreme right-wing movements began to prepare to resolve these ideological rivalries once and for all, which led to the most inhumane armed conflict in modern history.

WWII also completely changed the world and shaped the times we are living in today. The economic, social, and political reconstruction of the world after the 1940s was not an easy process. Nor was it possible to restore the lives and communities of all those people who had been directly affected by the war. The sense of loss of entire nations, the memory of the great loss of life, the displacement of refugees, and the trauma suffered by the survivors of concentration camps permanently modified the collective consciousness of the period, forever changing the perspective of future generations.

Furthermore, this conflict completely altered international relations around the globe. The creation of the United Nations in 1945 was a direct result of the deep desire to avoid yet another catastrophic event like WWII. Despite its good intentions, however, the UN didn't guarantee the peace and harmony it championed. The ideological conflict between left and right continued with the tension between the United States and the former USSR, and more recent conflicts have shown that the sense of fear that originated from the events of the second World War is still alive today.

In short, WWII influenced social and political life profoundly and continues to do so today. We can see signs of this influence in the massive expansion of the war industry and a huge emphasis on individual liberties, such as the ideals of democracy and the freedom of expression, that were so threatened by the fascist regimes of Europe. The continued production and popularity of films, literature, and art related to WWII speaks volumes about just how much we still look back at what was certainly one of the most far-reaching events of the twentieth century.

Nicolás Walsh

1. EL CAMINO HACIA LA GUERRA

- *La Segunda Guerra Mundial fue una de las guerras más sangrientas de la historia.*
- *La mayoría de países del mundo participaron en ella.*
- *Las consecuencias económicas y políticas de la guerra aún se viven hoy en día.*

1914, World War 1. Highland Territorials in a trench. Photographer: H. D. Girdwood. British Library on Unsplash

En su momento, los historiadores llamaron a la Primera Guerra Mundial "la guerra para acabar con todas las guerras". Esta guerra **arrasó** Europa y fue una de las causas de la Segunda Guerra Mundial. ¡En la Primera Guerra Mundial **fallecieron** más de 38 millones de personas!

A los años que pasaron entre la Primera y la Segunda Guerra Mundial (1919-1939) se les llama "período de entreguerras". Durante este tiempo, los movimientos fascistas tomaron fuerza. En sus inicios, el **fascismo** fue una respuesta frente al caos económico y político en Europa. Sin embargo, en general, los gobiernos fascistas tuvieron políticas antiliberales, expansionistas y nacionalistas, y causaron conflictos y luchas armadas en todo el mundo.

Después de la Gran Depresión, Alemania, Italia y Japón formaron una alianza conocida como "Potencias del Eje". Los países del Eje tenían dos objetivos: extender sus territorios y **luchar** contra el comunismo en el mundo. Así, Japón **ocupó** Manchuria (una región del noreste de China), Italia invadió Etiopía y Alemania se hizo con el control de Austria, Checoslovaquia y Polonia.

Para responder a este movimiento, Gran Bretaña, Francia, Estados Unidos y la Unión Soviética formaron el grupo de los Aliados para intentar **frenar** la expansión de los países del Eje.

En esta introducción se explicará en qué consistió este conflicto armado, cuáles fueron las razones de su **estallido**, los **bandos** que se enfrentaron y los conceptos básicos para entender esta época de la historia.

CRONOLOGÍA DEL PERÍODO DE ENTREGUERRAS (1919-1939)

Para entender mejor cómo comenzó la Segunda Guerra Mundial, presentamos una cronología del **período de entreguerras**. Durante estos años sucedieron cambios políticos importantes que terminaron en el estallido de la Segunda Guerra Mundial.

1918

- **11 de noviembre:** Se firma el **armisticio** en Rethondes. Este documento hizo oficial el fin de la Primera Guerra Mundial.

1919

- **28 de junio:** Se firma el **Tratado** de Versalles. Los Aliados imponen **sanciones** políticas y económicas a Alemania.

1920

- **10 de enero:** El mismo día en el que **entró en vigor** el Tratado de Versalles nace la Sociedad o Liga de las Naciones, que se creó para evitar conflictos futuros y mantener la paz mundial.

- **Noviembre:** La Sociedad de las Naciones **se reúne** por primera vez en Ginebra. Estados Unidos no asiste a esta reunión.

1922

- **30 de octubre:** Marcha sobre Roma. Benito Mussolini se convierte en Primer Ministro de Italia.

1923

- **8-9 de noviembre:** Putsch de Munich: Hitler intenta un golpe de Estado junto al Partido Nacionalsocialista. El intento fracasa, y Hitler es procesado y condenado a prisión.

1925

- **1 de diciembre:** Se firma el Pacto de Locarno. En este pacto, Alemania, Francia y Bélgica aceptan respetar las fronteras existentes.

1926

- **Enero:** Las tropas de ocupación británicas abandonan Colonia, Alemania.

- **8 de septiembre:** Alemania entra en la Sociedad de las Naciones.

1929

- **24 de octubre:** Jueves Negro. La **bolsa** de Wall Street, Nueva York, **quiebra** y causa una depresión económica mundial.

1931

- **28 de septiembre:** Invasión japonesa de Manchuria, al noreste de China.

1933

- **30 de enero:** Hitler se convierte en el **Canciller** del Gobierno de Coalición Nacional en Alemania. Roosevelt **toma posesión** como Presidente de los Estados Unidos de América.

- **27 de marzo:** Japón abandona la Sociedad de las Naciones.

- **14 de octubre:** Alemania abandona la Sociedad de las Naciones.

1934

- **30 de junio:** Noche de los Cuchillos Largos. En Alemania, varios oficiales de las SS asesinan a Ernst Röhm, comandante de las Tropas de Asalto, por orden directa del canciller Hitler.

- **1 de agosto:** Muere el presidente alemán Hindenburg. Hitler se convierte en el Führer y Comandante Supremo del gobierno alemán. Comienza el Tercer Reich   Alemán.

1935

- **9 de marzo:** Fundación oficial de la Luftwaffe, la fuerza aérea alemana.

- **16 de marzo:** Hitler comienza a **alistar** nuevos soldados y a prepararse para la guerra.

- **15 de septiembre:** Entran en vigor las Leyes de Núremberg, propuestas por Hitler. Estas leyes les quitan la nacionalidad alemana a los judíos y prohíben las relaciones entre estos y los alemanes no judíos.

- **3 de octubre:** Italia invade Etiopía.

- **18 de noviembre:** La Sociedad de las Naciones sanciona a Italia por la invasión de Etiopía. Esta sanción no da resultado y la organización pierde poder.

1936

- **7 de marzo:** Alemania ocupa con tropas militares la región de la Renania, violando el Tratado de Versalles, y amenazando a Francia.

- **17 y 18 de julio:** Empieza la Guerra Civil Española. En ella, los miembros de partidos políticos y **sindicatos** de izquierda se enfrentan al general Franco y sus seguidores. Franco fue un militar que se rebeló contra el gobierno de la República Española. Alemania e Italia apoyan a Franco, y la Unión Soviética y las Brigadas Internacionales apoyan al gobierno republicano.

- **25 de octubre:** Se crea la Alianza del Eje Roma-Berlín.

- **23 de noviembre:** Alemania y Japón firman el Pacto Antikomintern (Pacto Internacional Anticomunista).

1937

- **25 de abril:** Aviones alemanes bombardean Guernica (España) tras recibir la autorización de Francisco Franco.

- **7 de julio: Incidente** del Puente de Marco Polo. Los japoneses invaden China.

- **6 de noviembre:** Italia se une a Alemania y Japón en el Pacto Antikomintern.

- **13 de diciembre: Masacre** de Nanjing (China). Los japoneses asesinan a 150 000 chinos en solo seis semanas.

1938

- **13 de marzo:** La Anschluss: Alemania invade Austria y se hace con el control de su territorio.

- **10 de noviembre:** Noche de los cristales rotos. Las SS atacan a negocios judíos en toda Alemania y Austria. Empieza la deportación de 30 000 judíos a campos de concentración.

1939

- **15 de marzo:** Alemania **se apropia** de parte del territorio de Checoslovaquia.

- **31 de marzo:** Francia e Inglaterra anuncian que protegerán a Polonia si Alemania la ataca.

- **1 de abril:** Termina la Guerra Civil Española. Gana el dictador fascista, Francisco Franco.

- **26 de abril:** Inglaterra vuelve a alistar soldados para la guerra.

- **22 de mayo:** Alemania e Italia firman el Pacto de Acero y forman una alianza política y militar entre ambos países.

- **23 de mayo:** Hitler prepara la invasión a Polonia.

- **23 de agosto:** La Unión Soviética y Alemania firman el Pacto Ribbentrop-Mólotov (Tratado de no agresión). El pacto incluía una sección secreta donde se repartían los territorios de Europa del Este.

- **1 de septiembre:** Alemania invade Polonia. Inglaterra y Francia le declaran la guerra a Alemania. Empieza la Segunda Guerra Mundial.

Vocabulario

arrasar devastate; destroy
fallecer die; fall (in battle)
fascismo fascism
luchar struggle, fight
ocupar occupy
frenar to put a stop to
estallido outbreak
bando faction
tratado treaty
reunirse to come together
sanción sanction
período de entreguerras interwar period
armisticio armistice

entrar en vigor come into force
bolsa *here:* stock exchange
quebrar to go bankrupt
tomar posesión take possession
canciller chancellor
alistar enlist
sindicato trade union
incidente incident
masacre massacre, slaughter
apropiarse seize
dictador dictator

1.1. ¿QUÉ FUE LA SEGUNDA GUERRA MUNDIAL?

- En la Segunda Guerra Mundial murieron más de 60 millones de personas.

- El conflicto duró 6 años. Desde 1939 a 1945.

- Se enfrentaron dos bandos: los Aliados y las fuerzas del Eje.

Luxembourg American Cemetery and Memorial, Luxembourg. Photo by Diogo Palhais on Unsplash.

La Segunda Guerra Mundial es una de las luchas armadas más conocidas de la historia **occidental**. Se considera mundial porque participaron los países más poderosos del momento: Alemania, Francia, Gran Bretaña, Japón, Estados Unidos, China y la Unión Soviética (Rusia). Además, fue el conflicto más destructivo de la **humanidad**, con más de 40 millones de víctimas militares y 20 millones de víctimas civiles.

Este conflicto se desarrolló sobre todo en tierra por medio de grupos de **infantería**. La guerra también contó con batallas marítimas; esto es, luchas en el mar con barcos y submarinos. Las tecnologías desarrolladas durante la Segunda Guerra Mundial fueron muy importantes para que los Aliados ganaran la guerra, y por eso mismo, ambos bandos usaron radares, bombas y misiles.

La Segunda Guerra Mundial se diferencia de la Primera en que tomaron parte en ella países de fuera de Europa. La Segunda Guerra Mundial llegó al Océano Pacífico, al Lejano Oriente, al norte de África y a Rusia, donde tuvieron lugar grandes batallas **terrestres**, marítimas y aéreas.

La Segunda Guerra Mundial no es la guerra más larga de la historia, ya que duró menos de siete años (1939-1945). Sin embargo, es famosa porque fue una guerra muy rápida, con cambios a nivel político, militar, económico, cultural, social, etc. Esto fue así porque el **combate** se basó en ataques directos al enemigo, mientras que en la Primera Guerra Mundial se usaron **trincheras** y estrategias **defensivas**.

Durante la Segunda Guerra Mundial se desarrollaron en poco tiempo nuevos modelos de coches, aviones y tanques, y esto permitió que las batallas fueran rápidas y **ágiles**.

En tierra, los tanques tuvieron una función importante gracias a su velocidad y tamaño. Servían para abrir el camino a los grupos de infantería, y su **blindaje** los protegía de los ataques. Por otro lado, los carros de combate de los alemanes eran tan rápidos que permitieron invadir Polonia y Francia a una velocidad nunca vista.

En el aire, ambos bandos creaban aviones cada vez más rápidos que se usaron para bombardear y apoyar a los ejércitos terrestres. Los británicos desarrollaron radares que permitían a los aviones encontrar y destruir submarinos. La fuerza aérea más conocida de la Segunda Guerra Mundial fue la Luftwaffe alemana, con más de cuatro mil aviones de guerra de los que dos mil eran bombarderos.

En el mar se utilizaron submarinos en muchas ocasiones. Sin embargo, no fueron tan efectivos como se esperaba por el gran número de **minas** submarinas, las **cargas de profundidad** y la colocación estratégica de barcos de guerra. Por otra parte, los portaaviones, grandes barcos con capacidad para **trasladar** varios aviones, fueron decisivos en la guerra del Pacífico, como por ejemplo en la batalla de Midway (1942), donde los portaaviones permitieron que Estados Unidos ganara la batalla contra los japoneses.

Las bombas también se perfeccionaron durante la Segunda Guerra Mundial. Los alemanes, por ejemplo, usaron bombas **voladoras** para atacar la ciudad de Londres, aunque las bombas más destructivas fueron las bombas nucleares lanzadas por los Estados Unidos en dos ciudades japonesas: Hiroshima y Nagasaki. Debido a su poder radioactivo, las bombas de Hiroshima y Nagasaki mataron a casi 200 000 personas **al instante**.

Por desgracia, la Segunda Guerra Mundial no solo tuvo víctimas entre los soldados. Los bombardeos sobre las ciudades causaron muchos muertos. Los alemanes nazis también fueron responsables de otras muertes, como el asesinato intencionado de más de 5 millones de judíos y no judíos en campos de **exterminio**. Además, 21 millones de personas fueron **desplazadas** de sus hogares para realizar **trabajos forzados** o cuando huían de los ejércitos invasores.

LAS FASES DE LA SEGUNDA GUERRA MUNDIAL

El desarrollo de la Segunda Guerra Mundial se puede dividir en cuatro fases bien diferenciadas:

1.ª Fase: Los primeros movimientos (1939 a 1940)

Después de firmar el Pacto de no agresión Nazi-Soviético, los rusos y los alemanes invadieron y se repartieron Polonia en septiembre de 1939. Después de una **pausa** tensa de cinco meses, los alemanes ocuparon Dinamarca y Noruega, y un mes después atacaron Holanda, Bélgica y Francia. Con el territorio norte de Francia capturado, los alemanes atacaron Gran Bretaña desde el aire entre julio y septiembre de 1940, pero los ataques fueron poco eficaces. Por otra parte, en el mismo período de tiempo, los ejércitos italianos de Mussolini invadieron Egipto y Grecia.

2.ª Fase: Los ataques del Eje y la defensa de los Aliados (1941 a 1942)

En este momento, Gran Bretaña era el único Aliado que quedaba en Europa. En este contexto, Adolf Hitler decidió atacar Rusia en junio de 1941. Este ataque rompió el pacto de no agresión que habían firmado Alemania y la Unión Soviética en 1939, así que los rusos se unieron a los Aliados. Por otra parte, el ataque japonés a la base naval de Pearl Harbor de diciembre de 1941 empujó a Estados Unidos a entrar en guerra.

3.ª Fase: Ataques de los Aliados y defensa del Eje (1942 a 1943)

Estados Unidos se une a Gran Bretaña para combatir a los países del Eje. En junio de 1942, los Estados Unidos hicieron **retroceder** a los japoneses en el Pacífico en la batalla de la isla Midway. En septiembre de 1942, los rusos defendieron Stalingrado de los ataques alemanes. En octubre de 1942, los Aliados **expulsaron** a los alemanes del norte de África, en la batalla de El Alamein. Los bombardeos de las ciudades de ambos bandos continuaron en esta fase. En el mar, los británicos y estadounidenses eliminaron lentamente la **amenaza** de los submarinos alemanes.

4.ª Fase: La derrota de las fuerzas del Eje (1943 a 1945)

La gran cantidad de recursos y soldados de Estados Unidos y la Unión Soviética combinados debilitaron las fuerzas del Eje poco a poco hasta su derrota en 1945. La primera en caer fue Italia, y más tarde, en el Día D, o también conocido como el **desembarco** de Normandía (6 de junio de 1944), fueron liberadas Francia, Bélgica y Holanda. Más tarde, los Aliados cruzaron el Rin y se apoderaron de Colonia.

Al mismo tiempo, los rusos avanzaron hacia Alemania atravesando Polonia. Finalmente, Alemania se rindió en mayo de 1945. Japón se rindió en agosto de 1945, cuando Estados Unidos lanzó dos bombas atómicas en dos de sus ciudades más importantes: Hiroshima y Nagasaki.

¿Sabías que…?

*Durante la Segunda Guerra Mundial no había mucho chocolate y su precio era alto. Para ayudar, el **panadero** italiano Pietro Ferrero creó la Nutella como una alternativa más barata al chocolate tradicional.*

Vocabulario

occidental western
humanidad humanity; mankind
infantería infantry
terrestre adj. land
combate fight
trinchera trench
defensiva defensive

ágil agile; nimble
blindaje armour-plating
mina land mine
carga de profundidad depth charge
trasladar move, transfer
voladoras flying
al instante at once
exterminio extermination; genocide
desplazado displaced
trabajos forzados forced labour
pausa break; pause
retroceder go back; retreat
expulsar expel; to throw out
amenaza threat
desembarco landing
panadero baker

1.2. ¿POR QUÉ ESTALLÓ LA SEGUNDA GUERRA MUNDIAL?

- *La Segunda Guerra Mundial comenzó por el descontento con los tratados de paz de la Primera Guerra Mundial.*
- *Alemania fue sancionada duramente después de la guerra.*
- *La invasión de Alemania a Polonia fue la causa de la declaración de guerra contra Alemania.*

Las razones que llevaron a la Segunda Guerra Mundial fueron muchas y complejas. Sin embargo, podemos asegurar que la mayor causa fueron las **sanciones** a Alemania después de la Primera Guerra Mundial. Por lo tanto, la Segunda Guerra Mundial es consecuencia directa de la Primera.

Después de la Primera Guerra Mundial, los países firmaron diferentes tratados de paz; el más conocido fue el Tratado de Versalles, entre los Aliados y Alemania. Pero no todos los países que los firmaron estaban de acuerdo con sus nuevas obligaciones.

El país que estaba más descontento con los resultados de la Primera Guerra Mundial fue Alemania. Los Aliados **impusieron** muchas sanciones políticas y económicas a Alemania. En el siguiente capítulo explicaremos cómo las sanciones políticas y la crisis económica de Europa causaron el inicio de la Segunda Guerra Mundial.

EL TRATADO DE VERSALLES

El Tratado de Versalles fue un **acuerdo** de paz firmado al final de la Primera Guerra Mundial. El Tratado se firmó en la Conferencia de Paz de París, en el Palacio de Versalles (Francia) el 28 de junio de 1919. En la redacción y firma del tratado participaron **representantes** de las cuatro grandes naciones: David Lloyd George de Gran Bretaña, Georges Clemenceau de Francia, Woodrow Wilson de los Estados Unidos, y Vittorio Orlando de Italia. Alemania no participó en la redacción ni en la firma del tratado, y también se la hizo responsable de haber iniciado la Guerra.

El Tratado de Versalles intentaba solucionar las pérdidas de la Primera Guerra Mundial y obligaba a Alemania a pagar los daños causados a los Aliados. Así, el tratado incluía sanciones duras para los alemanes:

1. Reducción del territorio alemán en un 10 %. Bélgica ganó territorio alemán, mientras que Dinamarca y Francia recuperaron zonas cerca de la frontera alemana. Polonia fue recuperada plenamente como un Estado independiente. Todas las **colonias** alemanas en China, el Pacífico y África se repartieron entre Gran Bretaña, Francia, Japón y otras naciones de los Aliados.

2. Reducción del ejército alemán a solo 100 000 soldados.

3. Prohibición de la fabricación de tanques, submarinos,

aviones y gas tóxico. Solo una pequeña cantidad de fábricas podían hacer armas y **municiones**.

4. La **desmilitarización** de toda la Alemania Occidental. La Sociedad de las Naciones debía promover que otros países de Europa también se desmilitarizaran.

5. La obligación de pagar hasta 33 000 millones de dólares para reparar los daños ocasionados durante la guerra, sobre todo en territorio francés y belga.

Estas sanciones generaron mucho descontento entre el pueblo alemán. La opinión pública alemana consideraba que las sanciones eran excesivamente duras. Este descontento social facilitó la subida al poder del Nazismo como un nuevo gobierno que buscaba defender los intereses alemanes. Los líderes nazis afirmaban que el Tratado de Versalles **humillaba** a Alemania porque obligaba al país a cargar con deudas enormes y a ceder territorios. Por lo tanto, la Alemania liderada por Hitler buscaba no cumplir con ninguna de las sanciones y recuperar lo que habían perdido en la Primera Guerra Mundial. Para conseguirlo, Alemania comenzó a desafiar al resto de las potencias, y provocar una nueva guerra. Alemania declaró una segunda guerra.

LA SOCIEDAD DE LAS NACIONES

Por otra parte, en el Tratado de Versalles se ponía la condición de formar la Sociedad de las Naciones. Esta organización buscaba **asegurar** la paz mundial y el respeto al territorio de todos los países del mundo. La Sociedad de las Naciones debía castigar a los países que declarasen guerra a otros e intentaba animar a reducir la cantidad de armas en países considerados como **amenazantes**.

Esta Sociedad no logró reducir el número de armas en el resto de Europa, ya que no tenía poder económico ni militar para hacerlo. Así, cuando Japón invadió Manchuria (noreste de China) en 1931, no se impusieron sanciones económicas ni militares. Esto ocurrió porque Gran Bretaña y Francia estaban en crisis económica y no tenían dinero para comenzar una guerra. Por lo tanto, Japón invadió Manchuria y abandonó la Sociedad de las Naciones sin consecuencias en 1933.

En octubre de 1933, Alemania abandonó la Sociedad de las Naciones. Más tarde, en marzo de 1935, Alemania se negó a aceptar el desarme del Tratado de Versalles. En ese momento, Alemania **comenzó** a reconstruir su ejército en contra de las peticiones de Francia, la Unión Soviética y Gran Bretaña. Nuevamente, la Sociedad de las Naciones fue ineficaz para asegurar el desarme de Alemania.

Ante la política expansiva de Alemania en Austria y Checoslovaquia, la Sociedad de Naciones prefirió adoptar una política de "**apaciguamiento**", y tratar de calmar las aspiraciones de Hitler, y evitar una guerra.

Otro hecho que le restó poder a la Sociedad de las Naciones fue la invasión de Italia a Etiopía. La Sociedad le impuso sanciones económicas a Italia, pero estas fueron tan poco efectivas que Italia las ninguneó e invadió Etiopía en mayo de 1936.

La invasión a Etiopía demostró la **ineficacia** de la Sociedad de las Naciones para garantizar la paz. Esto facilitó la unión de Japón, Italia y Alemania para declarar la Segunda Guerra Mundial.

LA GUERRA CIVIL ESPAÑOLA

Otro conflicto armado que **desencadenó** la Segunda Guerra Mundial fue la Guerra Civil Española, entre 1936 y 1939. Esta guerra empezó cuando el militar Francisco Franco y sus seguidores se rebelaron contra el gobierno de la República Española. Por un lado, el fascismo y los conservadores, apoyaban al militar Francisco Franco. Por otro lado, socialistas, comunistas y anarquistas apoyaban al gobierno de la República. Estos lucharon para controlar el mayor territorio de España posible.

Varios países europeos intervinieron en este conflicto. Italia y Alemania apoyaban a la facción nacionalista de Franco, mientras que Rusia ayudó a la facción republicana del gobierno republicano. Uno de los primeros bombardeos aéreos sobre una población civil fue contra Guernica, un pueblo del norte de España. Durante este ataque, aviones alemanes probaron una nueva bomba aérea. La Guerra Civil Española terminó con la caída de Barcelona a principios de 1939. A partir de ese momento, Francisco Franco creó una dictadura fascista en España.

LA GRAN DEPRESIÓN

Por otra parte, la Gran Depresión también ayudó al inicio de la guerra. Se le llamó "Gran Depresión" al período entre 1929 y 1933 en Estados Unidos, en el que este país sufrió un período de baja actividad económica con mucho desempleo, pocos recursos y pocas inversiones. La Gran Depresión comenzó en Estados Unidos y más tarde afectó a todo el mundo, principalmente a Alemania. En Alemania, la crisis económica contribuyó a la llegada de Adolf Hitler al poder, ya que este le prometió al pueblo alemán que la economía volvería a crecer.

LA INVASIÓN A POLONIA

Finalmente, la invasión a Polonia de 1939 causó el estallido de la Segunda Guerra Mundial. Antes de esto, Francia y Gran Bretaña prometieron a Polonia que la protegerían si Alemania la atacaba. Por esto, cuando Alemania **marchó sobre** Polonia en 1939, Francia y Gran Bretaña declararon la guerra.

Por lo tanto, el Tratado de Versalles, la Sociedad de las Naciones y la crisis económica ocasionada por la Gran Depresión fueron tres factores que ayudaron a que estallara una guerra mundial, junto con las políticas agresivas de Italia, Japón y Alemania. La mayoría de los países de Occidente participaron en el conflicto.

Vocabulario

imponer force; impose
acuerdo agreement
representante representative; spokesperson
colonia colony
munición ammunition
desmilitarización demilitarization
humillar humiliate; put to shame
asegurar ensure; guarantee
amenazante threatening
reconstruir rebuild
apaciguar appease
otro hecho another thing ; another fact
ningunear ignore
desencadenar trigger; unleash
facción faction
marchar sobre march into
a pesar de que despite; in spite of

1.3. ¿CUÁLES ERAN LOS BANDOS? LAS FUERZAS DEL EJE VS. LOS ALIADOS

- *La guerra enfrentó a dos bandos: el Eje y los Aliados.*
- *Los Aliados eran Gran Bretaña, Francia, Rusia, Estados Unidos y China.*
- *Las Fuerzas del Eje eran Alemania, Italia y Japón.*

WWII German medals, photo by A_Different_Perspective on pixaby.com

La Segunda Guerra Mundial fue una lucha armada entre dos **bandos:** las fuerzas del Eje y los Aliados.

Las fuerzas del Eje estaban compuestas por 3 países: Alemania, Italia y Japón. Por su parte, Gran Bretaña, Francia, la Unión Soviética (actual Rusia), los Estados Unidos y China formaban el grupo de los Aliados. En este capítulo conoceremos los intereses políticos de cada país y sus razones para participar en la guerra.

LAS FUERZAS DEL EJE

Las fuerzas del Eje estaban formadas por tres países: Alemania, Italia y Japón. Los tres invadieron territorios de otras naciones durante el período de entreguerras, lo que fue una de las causas principales de la Segunda Guerra Mundial.

El 3 de octubre de 1935, Italia invadió Etiopía. A partir de 1931, Japón empezó a ocupar Manchuria, en el noreste de China. En 1936, Alemania ocupó y militarizó la región de Renania, y en 1938, ocupó Austria y parte de Checoslovaquia en 1939.

Los líderes de estos tres países querían eliminar cualquier **movimiento** comunista o socialista del mundo. El 23 de noviembre de 1936, Alemania y Japón firman el Pacto Antikomintern (Pacto Internacional Anticomunista). El 6 de noviembre de 1937, Italia se une y abandona la Sociedad de las Naciones.

Tras el estallido de la Segunda Guerra Mundial, Alemania, Italia y Japón firmaron un Pacto Tripartito el 27 de septiembre de 1940. Así fue como se formaron las fuerzas del Eje. Durante la guerra **se sumaron** más países al Eje: Hungría, Rumanía, Eslovaquia, Bulgaria, Noruega y Yugoslavia (que en este tiempo incluía Croacia, Macedonia, Bosnia, Montenegro y Serbia). Estos países se unieron al Eje porque se les habían prometido más territorios al ganar la guerra o por coerción política.

LOS ALIADOS

Las fuerzas de los Aliados estaban formadas por Gran Bretaña, Francia, la Unión Soviética, los Estados Unidos de América y China. Además, se consideró Aliados a todos los países que durante la guerra, el 1 de enero de 1942, firmaron la Declaración de Las Naciones Unidas. Estos países eran: Australia, Bélgica, Canadá, Costa Rica, Cuba, República Dominicana, El Salvador, Grecia, Guatemala, Haití, Honduras, India, Luxemburgo, Holanda, Nueva Zelanda, Nicaragua, Noruega, Panamá, Polonia y Sudáfrica. Más adelante se unieron México, Filipinas, Etiopía, Irak, Brasil, Bolivia, Irán, Colombia, Liberia, Francia, Ecuador, Perú, Chile, Paraguay, Venezuela, Uruguay, Turquía, Egipto, Siria y el Líbano.

Al principio de la Segunda Guerra Mundial, la Unión Soviética no pertenecía al bando de los Aliados, ya que su líder, Stalin, había firmado el Pacto de No Agresión con Hitler. Sin embargo, el 22 de junio de 1941, Alemania empezó a invadir la Unión Soviética. Esto rompió el Pacto de No Agresión, así que la Unión Soviética entró **a formar parte** de los Aliados para detener a Alemania.

Los Estados Unidos tampoco pertenecían a las fuerzas de los Aliados. Al principio de la Segunda Guerra Mundial fueron un país neutral. Sin embargo, el ataque de Japón a la base naval estadounidense de Pearl Harbor hizo que Estados Unidos participara en la guerra. Durante este ataque, los japoneses destruyeron trescientos cincuenta aviones y cinco barcos de guerra. También fallecieron casi cuatro mil personas, entre civiles y militares.

China también fue parte de los Aliados durante la Segunda Guerra Mundial. Japón atacó e invadió parte de su territorio durante el período de entreguerras, por lo que China luchó en la guerra del Pacífico, junto a Estados Unidos y Gran Bretaña, para eliminar la amenaza japonesa en la zona.

¿Sabías que...?

Además de Suiza, actualmente hay otros muchos países que se han declarado neutrales, como, por ejemplo, Costa Rica, Dinamarca, Irlanda y Liechtenstein.

Vocabulario

movimiento (political) movement
sumarse to join
coerción coercion, force
formar parte be part of

2. PERSONAJES MÁS EMBLEMÁTICOS

- *En el grupo de los Aliados, Winston Churchill, Stalin y Franklin Roosevelt fueron los líderes más importantes.*

- *Del lado de las Fuerzas del Eje estuvieron Benito Mussolini y Adolf Hitler, quienes gobernaban en Italia y Alemania.*

Churchill, Roosevelt and Stalin at the Yalta Conference, February 1945

En esta sección se pueden encontrar biografías breves de los **personajes** más importantes de la Segunda Guerra Mundial. Estos personajes fueron personas importantes, y sus decisiones afectaron al desarrollo de la lucha.

Comenzamos con el dictador italiano, Benito Mussolini. Mussolini fue el **fundador** del primer régimen fascista de Europa. **Persiguió**, expulsó y asesinó a comunistas y socialistas en su país. Fue el responsable del pacto entre Italia y Alemania durante la Segunda Guerra Mundial.

Seguimos con Adolf Hitler, el creador del nazismo alemán. Con Hitler, Alemania quiso extender las fronteras de Alemania hacia otros países, lo que provocó la declaración de la Segunda Guerra Mundial tras la invasión a Polonia.

Iósif Vissariónovich Djugashvili, más conocido como Stalin ("**De acero**"), fue el Presidente del Consejo de Comisarios del Pueblo y Generalísimo de la Unión Soviética. Tuvo este rol antes, durante y después de la Segunda Guerra Mundial, e impulsó el modelo de estado Comunista dentro de los países que formaban la Unión Soviética. Durante la Segunda Guerra Mundial, lideró el Ejército Rojo, el cual hizo una gran labor para derrotar a Alemania.

El Primer Ministro Británico durante la Segunda Guerra Mundial fue Winston Churchill. Se le considera uno de los grandes líderes de la historia contemporánea. También es conocido por sus famosos discursos por radio para **levantar el ánimo** de los ingleses, que se emitieron entre 1940 y 1941.

En el caso japonés, el Primer Ministro y Jefe del Estado Mayor General durante la Segunda Guerra Mundial fue Hideki Tojo. Puso en marcha la guerra en el Pacífico, y ordenó el ataque a Pearl Harbor. Esto causó que Estados Unidos entrara en la guerra y enviara tropas a Europa y el Pacífico.

Por último, el Presidente de los Estados Unidos durante la Segunda Guerra Mundial fue **Franklin Roosevelt**. Roosevelt logró recuperar la moral y la economía de los Estados Unidos después de la Depresión de los años 30, y **tomó medidas** para aumentar la producción de armas y equipos militares en su país.

Conociendo las vidas de estos **dirigentes** y sus contribuciones a la Segunda Guerra Mundial entenderemos mejor cómo se desarrolló la mayor lucha armada de la historia.

Vocabulario

personaje character; well-known person
fundador founder
perseguir chase; persecute
tratar de try
de acero of steel
levantar el ánimo raise someone's spirits
moral optimism; morale
tomar medidas take action
dirigente leader; manager

2.1. ¿QUIÉN ERA BENITO MUSSOLINI Y QUÉ FUE EL FASCISMO ITALIANO?

- *Mussolini nació en 1883 y murió en 1945.*
- *Creó el fascismo italiano.*
- *Fue líder del Partido Nacionalista Italiano y se convirtió en dictador de Italia.*

Benito Mussolini by Gala-az at Depositphoto.com

Benito Mussolini fue el Primer Ministro de Italia desde 1922 hasta 1943. Fue el primer dictador fascista del siglo XX. Era conocido como *Il Duce,* que en italiano significa "el Líder".

VIDA PERSONAL

Mussolini nació en una familia pobre. Su padre era **herrero** y periodista de izquierda. Su madre fue maestra de escuela. Vivió durante toda su infancia en una casa muy pequeña.

Según varios historiadores, Mussolini fue un niño **desobediente**. Fue expulsado de varios colegios tras **amenazar** a profesores y compañeros de clase. Aun así, Mussolini era un niño inteligente. Aprobaba sus exámenes finales con buenas notas, y de adolescente obtuvo el diploma para poder ser **maestro**. Sin embargo, pronto se dio cuenta de que no quería ser educador.

Cuando era joven, le gustaba leer filosofía, especialmente filósofos alemanes como Marx y Nietszche. Poco a poco se dedicó al **periodismo** político de **tendencia** socialista. El socialismo es una ideología que defiende la igualdad política, social y económica de las personas y que pone las necesidades de la sociedad por encima de las necesidades individuales.

Mussolini organizó varias **huelgas** y protestas para apoyar ideas socialistas y comunistas, siguiendo sus creencias políticas. ¡Durante este tiempo, la policía le arrestó once veces!

CARRERA POLÍTICA

En 1911 fundó su propio periódico socialista, *La Lotta di Classe* (La lucha de clase). Se hizo tan popular que en 1912 le dieron el cargo de editor del periódico socialista oficial, *Avanti!* (¡Adelante!).

Sin embargo, Mussolini cambió sus ideas en los años siguientes. **Dejó atrás** sus ideas socialistas y comenzó a apoyar la participación italiana en la Primera Guerra Mundial. Por ello, lo despidieron del periódico y lo expulsaron del Partido Socialista italiano. En 1914 se hace editor de la revista *Il Popolo d'Italia* (El pueblo de Italia), donde critica a los socialistas.

Sus ideas comienzan a cambiar. Mussolini comienza a defender el nacionalismo italiano y la defensa de Italia contra todo: los alemanes, los socialistas y los liberales. Este fue el primer paso fascista de la carrera política de Mussolini.

Ya en la Primera Guerra Mundial, Mussolini fue sargento de *bersaglieri*[1]. Su servicio militar durante la Guerra, y la Revolución Rusa, llevaron a Mussolini a pensar en la política como la continuación de la Guerra, como el único camino posible para resolver los conflictos del mundo.

Más tarde, en febrero de 1918, empezó a compartir sus ideas: Mussolini pensaba que Italia necesitaba un líder (fuerte y carismático) para resolver los problemas políticos

---

1 Cuerpo de infantería italiano que solía moverse en bicicleta.

y económicos del país. Un tiempo después dijo que ese líder podría ser él mismo.

En 1919, ya estaba preparando su **campaña** para llegar a ser Primer Ministro de Italia. El 23 de marzo de 1919, organizó el movimiento fascista con cuarenta miembros. Mussolini creó el fascismo, que fue un movimiento político y social con ideas nacionalistas y **totalitarias**. Los fascistas pensaban que el gobierno debía regular la vida de los ciudadanos, desde su ropa hasta las películas de cine. Por esta razón, Mussolini creó el estudio de cine de Cinecittà en Roma. También creó el *Ente Nazionale della Moda* (Organismo Nacional de la Moda) para **impedir** que la alta costura francesa entrara en Italia y decidir qué diseñadores podían trabajar en el país.

El gobierno fascista de Mussolini tenía las siguientes características:

1. Nacionalismo extremo: La idea de que la nación propia es superior a todas las demás. El nacionalismo italiano surgió en parte por la crisis económica y por el descontento social tras la Primera Guerra Mundial.

2. Gobierno totalitario: El totalitarismo es un régimen político donde el Estado tiene control total de todos los aspectos de la vida de los ciudadanos.

3. Partido único: no existía la democracia ni las votaciones. Solo había un partido, el fascista.

4. Violencia militar: Las personas en desacuerdo con Mussolini eran perseguidas y castigadas violentamente.

Al principio, muchos italianos apoyaron el gobierno de Mussolini. El éxito del fascismo en Italia se debió a distintas causas. En primer lugar, Mussolini tenía una personalidad atractiva y sabía **convencer** por medio de sus **discursos**. Además, Italia estaba pasando por una grave crisis política y económica que Mussolini prometía resolver.

Durante 1919 y 1920, las personas que se inspiraban en los ideales fascistas de Mussolini empezaron a atacar a los que apoyaban al socialismo. Muchos fueron humillados, golpeados e **incluso** asesinados. Para 1921, los movimientos fascistas controlaban buena parte del gobierno italiano. Ese mismo año, Mussolini fue elegido como **diputado**.

EL FASCISMO EN ITALIA

En el verano de 1922, los movimientos fascistas tuvieron la oportunidad de tomar el poder. Los fascistas no estaban de acuerdo con la respuesta del gobierno a las huelgas socialistas. En ese momento, querían que el Gobierno detuviera las huelgas. Por ello, decidieron hacer una gran **manifestación** y caminar hasta la sede del gobierno. A esta protesta se la llamó "La Marcha sobre Roma", y los manifestantes que participaron querían **derrocar** al gobierno.

La Marcha sobre Roma dio resultado: el 28 de octubre de 1922, el rey Víctor Manuel III le encargó a Mussolini que fuera Primer Ministro de Italia. Esto permitió a Mussolini **instaurar** un gobierno fascista.

Muchos italianos apoyaron el gobierno de Mussolini porque parecía que podría resolver la crisis económica y política del país. Mucha gente estaba harta de las huelgas y protestas, y por eso, pensaron que Mussolini podría poner orden al caos.

Al principio de su gobierno, Mussolini logró controlar Italia, pero este control trajo también la represión de la población. Así, Mussolini **suprimió** el resto de los partidos políticos, eliminó la libertad de prensa y llevó a juicio a los que se oponían a él. Además, formó una **red de espías** y una policía secreta para vigilar a los ciudadanos. Al mismo tiempo, reprimió a los socialistas, a los liberales y a la Iglesia católica.

Poco a poco, Mussolini comenzó a pensar en expandir Italia y crear un imperio. Así, en 1935 ordenó la invasión de Etiopía, en África. Este fue un acto muy violento, ya que los italianos lanzaron bombas de gas sobre el pueblo etíope.

Aunque la Sociedad de las Naciones sancionó a Italia, estos **castigos** no tuvieron efecto. Italia continuó su invasión por el norte de África y apoyó a las fuerzas fascistas de Francisco Franco durante toda la guerra civil española (1936-39).

En la década de 1930, Mussolini compartió muchas ideas con Adolf Hitler. Durante esos años, Alemania e Italia se apoyaron con soldados y dinero. Además, firmaron el Pacto de Acero, por el que Italia y Alemania serían aliadas en cualquier guerra.

De acuerdo con las ideas nazis, en 1938, Mussolini decretó leyes antisemitas para el pueblo italiano. Con estas leyes, el gobierno italiano diferenció a los judíos de la población general. Aun así, el antisemitismo italiano no fue tan radical como el alemán. Solo se deportaron judíos a campos de concentración alemanes en las zonas ocupadas por los alemanes.

Al principio de la Segunda Guerra Mundial, el gobierno de Mussolini **permaneció** neutral, pero cuando parecía que Alemania ganaba la guerra, Italia declaró la guerra a los Aliados.

Para Italia, la Segunda Guerra Mundial no fue positiva. En 1940, Mussolini decidió atacar Grecia, pero **fracasaron**. Más adelante, durante la invasión de la Unión Soviética, los soldados italianos no estaban preparados para el frío invernal y muchos murieron. En 1943, Italia se retiró del Norte de África cuando los ingleses ganaron la batalla de El Alamein. Luego, en julio de 1943 los Aliados tomaron Sicilia sin mucha dificultad.

A causa de estas derrotas, Mussolini sabía que su gobierno acabaría en cuanto la Segunda Guerra Mundial terminara. En 1943, durante la caída de Sicilia, el Gran Consejo Fascista ordenó la detención de Mussolini y lo retiraron del cargo de Primer Ministro.

Lo encarcelaron en un hotel de lujo en las montañas italianas, y luego lo rescataron oficiales alemanes de la SS y lo transportaron en avión a Múnich. Después de eso,

Mussolini instauró un gobierno fascista en el norte de Italia, desde donde trató de **hacer frente** a las tropas de los Aliados. Sin embargo, los Aliados avanzaban muy rápido por Italia.

En 1945, y ante la **inminente derrota** de Alemania, Mussolini trató de **huir** vestido de soldado alemán por la frontera con Suiza. Aun así, un grupo de guerrilleros comunistas lo reconocieron. El 28 de abril de 1945 lo asesinaron y su cuerpo fue colgado en la plaza Loreto de Milán. Una gran muchedumbre celebró la caída del dictador fascista.

¿Sabías que...?

Mussolini escribió un libro erótico en 1909. Se llamaba La amante del cardenal y estaba ambientado en el siglo XVII. ¡El libro se volvió tan popular que fue traducido a 10 idiomas!.

Vocabulary

herrero blacksmith
desobediente rebellious
amenazar to threaten
maestro teacher
periodismo journalism
tendencia trend
huelga strike
dejar atrás to leave behind
soler used to
campaña campaign
totalitario totalitarian

impedir prevent
convencer persuade
discurso speech
incluso even; including
diputado MP, Congress Representative
manifestación demonstration
derrocar overthrow; topple
instaurar establish; install
suprimir to abolish
red de espías spy network
castigo punishment
permanecer to stay; to remain
fracasar to fail
hacer frente to face
inminente derrota impending defeat
huir to run away

2.2. ¿QUIÉN ERA ADOLF HITLER Y QUÉ ES EL NAZISMO?

- *Hitler nació en 1889 y murió en 1945.*
- *Político alemán, líder del partido Nazi y dictador de Alemania entre 1933 y 1945.*
- *Inició la Segunda Guerra Mundial al invadir Polonia en 1939.*

Adolf Hitler fue líder del partido Nazi, canciller y *Führer* de Alemania. Era conocido como *der Führer*, que en alemán significa "el líder". Hitler fundó el nazismo. Esta es una **doctrina** política basada en el nacionalismo, el racismo y el totalitarismo. El nazismo consideraba que el pueblo alemán, blanco, era superior a las demás "razas" humanas en Europa y el mundo. Estas ideas causaron millones de muertes judías y no judías en la Segunda Guerra Mundial.

Hitler nació en Braunau-am-Inn, Austria. Su padre era un **aduanero** de baja categoría. Hitler despreciaba a su padre, pero le tenía mucho cariño a su madre. A pesar de su inteligencia, Hitler nunca cursó estudios universitarios. Después de salir del colegio, viajó a Viena para ser artista.

Aunque Hitler quería estudiar Bellas Artes, suspendió dos veces el examen de **admisión**. En esa época, Hitler se volvió un hombre muy solitario y se dedicaba a pintar postales para sobrevivir.

HITLER Y LA PRIMERA GUERRA MUNDIAL

En 1913, Hitler se mudó a Múnich y luego a Viena. En febrero de 1914, el servicio militar austriaco le rechazó por ser demasiado débil para sostener un **fusil** de combate. Sin embargo, cuando la Primera Guerra Mundial estalló, se le permitió **integrarse** al 16° Regimiento de Infantería Bávaro.

Después de ocho semanas de entrenamiento, Hitler fue a Francia y Bélgica, en el frente Occidental, en octubre de 1914. En octubre de 1916 lo hirieron y **gasearon**, y se quedó temporalmente ciego.

Por su valentía en la batalla, Hitler recibió la Cruz de Hierro de Segunda Clase (diciembre de 1914) y la Cruz de Hierro de Primera Clase (agosto de 1918). Su servicio militar durante la Guerra y la Revolución Rusa llevaron a Hitler a pensar en la política como la continuación de la Guerra, como el único camino posible para resolver los conflictos del mundo.

Después de la Primera Guerra Mundial, en 1919, Hitler comenzó su carrera política en Múnich. Hitler **culpaba** a los socialistas, judíos y comunistas de la derrota alemana.

En 1919 fue agente secreto de las autoridades militares de Múnich para espiar a otros militares con "ideas peligrosas", como por ejemplo el pacifismo, el socialismo y la democracia. El gobierno alemán se estaba convirtiendo poco a poco en nacionalista, y Hitler estaba de acuerdo con ello.

En 1920, **renunció** a su cargo militar y se dedicó a dirigir la propaganda del Partido Alemán de los Trabajadores, que cambió su nombre a "Partido Nacionalsocialista Alemán de los Trabajadores". Este partido sería conocido más tarde como el partido Nazi.

Los nacionalsocialistas consideraban que los alemanes "puros" o "verdaderos" eran superiores a los demás pueblos europeos. Desde sus inicios tuvieron una organización basada en el control militar de sus miembros. Hitler triunfó en el partido, y hacia julio de 1921 se convirtió en su líder. Gracias a su personalidad y **liderazgo imparable**, el Partido Nazi se reorganizó y ganó muchos más miembros.

Debido al rápido crecimiento del Partido Nazi, algunos de estos miembros planearon un golpe de Estado contra la Republica de Baviera. Manipularon al gobierno bávaro y a su ejército local para sacar del poder al gobierno de Berlín. Sin embargo, esta "revolución" fue un fracaso, ya que terminó en una pelea con armas y se arrestó a varios miembros del Partido Nazi, entre ellos al propio Adolf Hitler.

Después de este **episodio**, juzgaron a Hitler por traición. Estuvo nueve meses en la cárcel donde escribió su libro: *Mi*

Lucha (Mein Kampf). La publicidad del arresto y el juicio fue una excelente propaganda para Hitler y el Partido Nazi.

EL ASCENSO AL PODER

Debido a la crisis económica mundial que empezó en 1929, las ideas nacionalistas de Hitler ganaron muchos seguidores. En general, las clases altas y medias apoyaron el Partido Nazi porque Hitler prometía mejoras económicas en Alemania y eliminar el comunismo.

En 1930, el Partido Nazi ya era el segundo partido político más grande de Alemania. En 1932, Hitler se lanzó a las elecciones presidenciales. A pesar de que perdió, demostró su poder político al obtener el treinta y siete por ciento de los votos. En enero de 1933, Hindenburg, el presidente alemán ganador, le **otorgó** el cargo de canciller a Adolf Hitler. Este es el segundo cargo más importante de Alemania. Tras la muerte de Hindenburg, Hitler consiguió la presidencia del Reich y la **cancillería**. A partir de ese momento, estableció un gobierno dictatorial basado en las ideas nazis.

El nazismo alemán tenía muchas características similares al fascismo italiano. Sin embargo, había algunas diferencias:

1. Ultranacionalista, anticomunista y totalitario: Aunque el fascismo italiano también fue totalitario, el nazismo controlaba aún más a sus ciudadanos. Cada aspecto de la vida estaba regulado, normalmente de forma violenta. En el gobierno de Hitler, el líder controlaba todo el poder político y económico.

2. Política del terror: se creó la Gestapo, una policía que vigilaba y reprimía a la población.

3. Racismo: El partido Nazi animó el odio hacia los judíos, a quienes se acusaba de **generar** todos los males de Alemania. En un primer momento, los judíos perdieron sus derechos como ciudadanos; después, se les **confiscaron** sus bienes, y por último se los llevó a campos de exterminio. También se persiguió y asesinó a los católicos, gitanos, personas de color, homosexuales y discapacitados.

4. Propaganda política intensiva: se utilizó la propaganda y el cine para difundir la ideología nazi entre la población alemana y en el mundo. El nazismo también controlaba las producciones culturales y los medios de comunicación.

5. Expansionismo: Hitler promovía la idea del *Lebensraum* o espacio vital, con la que defendía la necesidad de ampliar las fronteras de Alemania y proteger al pueblo alemán.

El régimen dictatorial de Hitler se volvió muy popular porque al principio mejoró la economía: bajó el **desempleo** y subieron los salarios. Por esta razón, el 90 % de la población estuvo de acuerdo con las políticas nazis.

Sin embargo, Hitler estaba más interesado en la política exterior, ya que pensaba que la expansión territorial de Alemania aseguraría el bienestar económico y social de la población. Su objetivo era hacerse con el territorio de Polonia, Ucrania, y parte de la Unión Soviética. Sin embargo, para llevar a cabo su plan, Hitler debía ir contra el

Tratado de Versalles. Por eso, Alemania salió de la Sociedad de Naciones, formó un nuevo ejército y se alió con Italia y Japón. En 1936, Hitler firmo un tratado de cooperación con Mussolini, y luego firmó un Pacto Anticomunista con Japón.

LA SEGUNDA GUERRA MUNDIAL

A partir de 1937, Alemania comenzó a invadir los territorios vecinos. Invadió Austria en febrero de 1937, y Checoslovaquia en 1939. Después siguió con Polonia, pero el país tenía un pacto con Francia y Gran Bretaña que **garantizaba** su apoyo militar si Alemania la invadía.

Sin embargo, en septiembre de 1939 Hitler ordenó la invasión a Polonia. Dos días después, Francia y Gran Bretaña le declararon la guerra a Alemania. Así empezó la Segunda Guerra Mundial.

Al principio de la Segunda Guerra Mundial, Hitler logró varios éxitos militares. Entre abril y junio de 1940, el ejército alemán invadió Dinamarca, Noruega, Luxemburgo, Holanda, Bélgica y Francia. Como realizó muchas invasiones en muy poco tiempo por toda Europa occidental, Hitler pensó que Gran Bretaña se **rendiría**. Sin embargo, el Reino Unido no se rindió.

Por eso, Hitler atacó territorio británico con aviones alemanes. En 1941, Hitler atacó a la Unión Soviética. Aunque al principio avanzó rápido, el invierno golpeó muy duro a las tropas alemanas. En diciembre de ese mismo año, las tropas alemanas llegaron a Moscú, la capital de Rusia. Aun así, el ejército ruso se defendió bien y las tropas alemanas, que estaban muy débiles, no pudieron seguir avanzando.

Con la entrada de Estados Unidos en 1942, Alemania empezó a perder el territorio ganado gracias a las numerosas tropas de Estados Unidos y de la Unión Soviética.

Después de perder en territorio soviético y en el Norte de África, Hitler se ocultó en **los cuarteles generales** del este de Alemania. Aunque se mantuvo oculto, Hitler seguía dirigiendo las tropas alemanas. En 1943 ordenó el **rescate** de Mussolini cuando lo arrestaron en Italia.

Mientras Alemania perdía la guerra, algunos sectores militares alemanes querían sacar a Hitler del poder y firmar un acuerdo de paz. Por eso, entre 1943 y 1944 existieron varios planes de asesinato que no tuvieron éxito.

En enero de 1945, Hitler estaba en Berlín, **rodeado** por las tropas soviéticas, por lo que aceptó la derrota y preparó su suicidio.

Al aceptar la derrota, Hitler decidió poner sus asuntos en orden. Así, el 28 de abril se casó con Eva Braun. Luego, escribió un documento donde explicaba las razones de sus actos y dejaba el poder a otros miembros del partido. Según algunos historiadores, finalmente el 30 de abril, Hitler se disparó en la cabeza y su esposa tomó veneno. Nadie ha logrado encontrar sus cuerpos.

Vocabulario

doctrina doctrine
aduanero custom officer
admisión admission, entry
fusil gun, rifle
integrarse to integrate (oneself)
gasear to gas; to kill using gas
culpar to blame
renunciar to renounce; to step down
liderazgo leadership
imparable unstoppable
episodio incident
otorgar to appoint
cancillería chancery
generar to cause, to generate
confiscar to seize
desempleo unemployment
garantizar to ensure, to guarantee
rendirse to surrender
cuartel general headquarters
rescate rescue
rodear to surround, to encircle
trastorno mental disorder; confusion

2.3. ¿QUIÉN ERA STALIN Y POR QUÉ SE LLAMA ASÍ?

- *Stalin nació en 1878 y murió en 1953.*

- *Fue un político soviético, sucesor de Lenin como líder de la Unión Soviética desde 1924 hasta 1953.*

- *Expulsó de la URSS a sus mayores rivales en el control del Partido Nacionalista Ruso.*

Joseph Stalin, a portrait by xdrew73 on Depositphoto.com

Stalin fue el Secretario General del Partido Comunista de la Unión Soviética y presidente del Estado Soviético. Durante sus casi 25 años de dictadura, transformó a la Unión Soviética en una de las grandes potencias del mundo. Su nombre ruso era: Iósif Vissariónovich Djugashvili. Su **sobrenombre**, Stalin, significa "de acero" en ruso.

Durante sus años de gobierno, en Rusia hubo un culto a Stalin. En este caso, culto significa homenaje y respeto a un ser divino, y en ese momento muchos ciudadanos veían a Stalin como un héroe **poderoso**. Se ve muy claramente la popularidad de Stalin en la gran cantidad de **bustos** y estatuas que mandó hacer en su honor por toda Rusia.

Stalin nació en Georgia, no en Rusia. Fue hijo de un zapatero de la ciudad de Gori. En su casa hablaban georgiano, pero el joven Stalin aprendió a hablar ruso en la escuela religiosa de Gori. En 1898, se hizo **socio** del Partido Obrero Socialdemócrata Ruso. Aunque la madre de Stalin siempre deseó que su hijo fuera sacerdote, él tenía otros planes.

EL INICIO DE SU CARRERA POLÍTICA

Stalin entró al **seminario** ortodoxo de Tiflis, donde leía los textos de Karl Marx sobre ideas socialistas y comunistas. Lo echaron del seminario por repartir propaganda marxista. Desde entonces, se dedicó a ser un político revolucionario. En 1903, Stalin se unió al movimiento bolchevique como uno de los discípulos de Lenin. El bolchevismo fue el sistema político en Rusia desde la revolución de 1917, y se basaba en las ideas socialistas y comunistas de Marx y Lenin.

Dentro del partido, Stalin ascendió poco a poco. En 1912 ya era miembro del primer Comité Central del Partido Bolchevique. También escribió varios artículos sobre la situación nacional rusa. Además, fue editor del *Pravda*, un nuevo periódico revolucionario. Fue a partir de ese momento que adoptó el nombre de Stalin.

En la Guerra Civil Rusa, entre 1918 y 1920, tuvo varios cargos políticos: Comisario de las Nacionalidades y Comisario de Control Estatal. Sin embargo, su cargo de Secretario General del Partido fue el que le dio poder para poner en marcha su dictadura.

LA MUERTE DE LENIN Y EL ASCENSO AL PODER DE STALIN

En general, puede decirse que Lenin fue un ejemplo a seguir para Stalin. Él ya tenía mucha influencia en 1922, pero su **ascenso** hacia el poder se volvió más rápido unas semanas después de convertirse en Secretario General del Partido, cuando a Lenin le dio un **infarto**.

Después de su infarto, Lenin nunca se recuperó del todo. Aunque volvió a ser el líder del partido entre agosto de 1922 y la primavera de 1923, se sentía muy débil, así que comenzó a dejar cada vez más trabajo en manos de Stalin.

En octubre de 1922, Lenin expresó su apoyo total a Stalin como Secretario General. Sin embargo, tras enterarse de los hechos violentos que sucedieron en Georgia bajo órdenes de Stalin, perdió gran parte de su confianza en él.

En la primavera de 1923, Lenin dictó su **testamento**. Ya no confiaba tanto en Stalin como antes, y criticó mucho su actuación en este escrito.

Durante 1923 y antes de la muerte de Lenin, había cuatro personas con influencia en el partido: Trotsky, Kamenev, Zinoviev y Stalin. Tras la muerte de Lenin en 1924, Stalin, Kamenev y Zinoviev crearon una alianza contra Trotsky, la *Troika*. Algunos miembros del Partido pensaban que se debía expulsar a Trotsky por sus ideas radicales y sus críticas a las decisiones de Stalin. A él tampoco le gustaban los comentarios de Trotsky, pero al principio se oponía a su expulsión.

Sin embargo, Stalin comenzó a tener miedo de que Trotsky **se hiciera con el poder**, así que cambió de opinión y se puso en su contra. Al mismo tiempo, la *Troika* se **disolvió** y Stalin encontró otros aliados.

En 1926, había dos **corrientes** ideológicas en el partido: la de los seguidores de Stalin y la de los que apoyaban a Trotsky, Zinoviev y Kamenev. Esta corriente era conocida como la "Oposición Unida", y pedía más **libertad de expresión** y menos burocracia dentro del partido.

Ya en 1927, Stalin terminó por dejar sin apoyos a la "Oposición Unida". En octubre de ese año hizo oficial la expulsión de Trotsky y de Zinoviev, y en diciembre, la de Kamenev. Así, Stalin se quedó como el máximo líder del Partido Comunista de la Unión Soviética.

Al final, Stalin expulsó a Trotsky de la Unión Soviética en 1929, y lo mandó asesinar en 1940.

EL ESTALINISMO EN LA UNIÓN SOVIÉTICA

Tras la muerte de Lenin, Stalin creó un culto al anterior líder. Al mismo tiempo, apoyó el culto a su persona para hacer su liderazgo más fuerte.

En 1928, Stalin inició un plan de 5 años para desarrollar la industria y la economía de la Unión Soviética. Este plan obligó a más de 25 millones de hogares en el campo a unirse y transformarse en **granjas** productoras del Estado. La policía política rusa persiguió, mandó al exilio y asesinó a los granjeros que rechazaron formar parte de este proceso, lo que causó una gran **hambruna** en la Unión Soviética y sobre todo en Ucrania. En esa época, murieron de hambre alrededor de 10 millones de campesinos rusos.

A partir de 1934, Stalin empezó a "limpiar" el Partido Comunista de personas a las que consideraba "traidores" a sus ideas. En aquel tiempo, enjuiciaron y **condenaron** a muerte a cualquier miembro sospechoso de no estar de acuerdo con Stalin. En muchas ocasiones, persiguió a militares, artistas, dirigentes, **funcionarios gubernamentales**, jefes de partido y profesores. Hoy en día **se calcula** que en esta limpieza murieron más de 12 millones de personas, con lo que Stalin consiguió aún más poder político.

LA SEGUNDA GUERRA MUNDIAL Y LA UNIÓN SOVIÉTICA

La Segunda Guerra Mundial le dio fuerza a la dictadura de Stalin en la Unión Soviética. En primer lugar, en agosto de 1939, firmó un pacto de no agresión con Hitler. Esto le permitió a Alemania invadir Polonia y, con la invasión, Alemania y la USSR se repartieron el territorio polaco.

Así, Stalin empujó la frontera de la Unión Soviética hacia el oeste y añadió el este de Polonia, Estonia, Lituania y parte de Rumanía a sus territorios. Además, Stalin atacó Finlandia y ocupó una parte de este país. Sin embargo, a pesar de la alianza con Alemania, Hitler decidió atacar territorio ruso e invadir la Unión Soviética. Por esta agresión, la Unión Soviética se unió a los Aliados.

En mayo de 1941, Stalin se nombró a sí mismo Presidente del Consejo de Comisarios del Pueblo. Con este cargo pudo dirigir el país libremente durante el resto de la Segunda Guerra Mundial.

Al principio de la guerra, Stalin decidió hacer retroceder a toda la población hacia las grandes ciudades industriales (Stalingrado, Leningrado y Moscú) y dejar que los alemanes avanzaran pero no ofrecerles **recursos**, comida, ni población, para cuando fuera invierno. Las defensas de la Unión Soviética no **sirvieron de nada**.

Fue por este motivo que los alemanes invadieron territorio soviético rápida y profundamente. En ese momento, el Ejército Rojo (el ejército oficial soviético) no tenía fuerza suficiente por la limpieza que hizo Stalin, pero cuando este dirigió directamente el Ejército Rojo, la **ofensiva** soviética mejoró.

En el invierno de 1941, el ejército alemán llega a Moscú, la capital de la Unión Soviética. Allí, Stalin tiene éxito con su estrategia de defensa y ataque. Stalin también tomó el mando en la batalla de Stalingrado, que tuvo lugar en el invierno de 1942, y la Batalla de Kursk, que sucedió en el verano de 1943, las cuales tuvieron un gran éxito militar. Después de estos **contraataques**, el Ejército Rojo **comandado** por Stalin llega a Alemania en mayo de 1945 para eliminar la amenaza nazi de una vez por todas.

Stalin también participó en grandes conferencias durante la Segunda Guerra Mundial en las que participaron dirigentes como Winston Churchill y Franklin Roosevelt.

DESPUÉS DE LA GUERRA

Cuando terminó la Segunda Guerra Mundial, la Unión Soviética y Stalin salieron más fuertes. Aunque los países de Europa del Este eran independientes, Stalin dirigía sus gobiernos, lo que sumó casi 100 millones de personas a la Unión Soviética.

Sin embargo, durante sus últimos años de vida, Stalin se volvió **paranoico** y veía enemigos por todas partes. En todos los países de la Unión Soviética se llevaban a cabo "limpiezas" que consistían en juicios y **ejecuciones** de cualquiera que amenazara o se rebelara contra Stalin. La Unión Soviética rompió lazos con Gran Bretaña y Estados Unidos tras el fin de la Segunda Guerra Mundial. Además, Stalin **mantuvo a raya**

a los artistas e intelectuales que estaban en contra del comunismo.

En enero de 1953, Stalin ordenó arrestar a muchísimos médicos del Kremlin. Los acusó de asesinar a varios líderes soviéticos **administrándoles** tratamientos médicos incorrectos, lo cual era el **pretexto** perfecto para iniciar una nueva limpieza entre los líderes soviéticos que se oponían a Stalin. Sin embargo, en marzo de 1953, Stalin falleció. Algunos historiadores creen que Stalin murió asesinado, aunque oficialmente murió de **hemorragia** cerebral.

A pesar de sus métodos sangrientos, Stalin logró desarrollar la economía y el ejército de la Unión Soviética y llevarla a ser la segunda gran potencia del mundo, después de los Estados Unidos de América.

¿Sabías que...?

Por sus tendencias socialistas, el Ejército Rojo reclutó tanto a hombres como mujeres. Casi un millón de mujeres soviéticas lucharon en la guerra como pilotos, soldados y francotiradores. Una de las divisiones soviéticas más temidas por los alemanes fue la de las "Brujas Nocturnas", un grupo de aviones pilotados por mujeres.

Vocabulario

sobrenombre nickname
poderoso powerful
busto bust (statue)
socio member
seminario seminary
ortodoxo orthodox
comisario commissioner
influencia influence
ascenso promotion
infarto heart attack
testamento will, testament
hacerse con el poder to become (more) powerful
disolver to break up, to dissolve
corriente trend, current
libertad de expresión freedom of speech
granja farm
hambruna famine
condenar to sentence
funcionarios gubernamentales government officials
se calcula it is believed; it is estimated
recurso aid
servir de nada to be useless
ofensiva offensive, attack
contraataque counter-strike
comandado led
paranoico paranoid
ejecución execution
mantener a raya to keep at bay, keep off
administrar to give
pretexto excuse, pretext
hemorragia bleeding, hemorrage
reclutar to enlist, to recruit
francotirador sniper

2.4. ¿QUIÉN ERA WINSTON CHURCHILL Y POR QUÉ SE LE CONSIDERA COMO UN GRAN LÍDER?

- *Winston Churchill nació en 1874 y murió en 1965.*
- *Fue el Primer Ministro de Gran Bretaña y Ministro de Guerra durante la Segunda Guerra Mundial.*
- *Sus discursos y liderazgo mantuvieron altos los ánimos del pueblo británico.*

Sir Winston Leonard Spencer Churchill, más conocido como Winston Churchill, fue el Primer Ministro de Inglaterra durante la Segunda Guerra Mundial. Durante buena parte de su vida se dedicó a la política, y también a escribir **ensayos** y novelas.

La familia de Churchill tenía experiencia en la política. Su padre fue Lord Randolph Churchill, un político conservador dirigente del Conservadurismo *One-nation*, conocido también como democracia *tory*. Esta ideología defendía la alianza entre los dirigentes políticos con la **clase trabajadora,** y la veía como una relación de padres e hijos.

Tanto su padre como Churchill eran **descendientes** directos del primer duque de Marlborough, que fue un héroe de la guerra contra Luis XIV de Francia de principios del siglo XVIII.

El padre de Churchill lo animó a comenzar una carrera militar. Suspendió dos veces el examen de admisión al Real Colegio Militar, pero logró aprobarlo a la tercera. En 1985, su padre falleció, y Churchill entró a formar parte del Cuarto Regimiento de Húsares[1].

Al principio, Churchill trabajó de soldado y periodista en Cuba, la India y el sur de África. Gracias a sus reportajes de guerra, Winston Churchill empezó a ser conocido como escritor. Sin embargo, tras su campaña en el sur de África, lo capturaron, se escapó de la cárcel y recibió el **reconocimiento** como héroe de guerra.

Cuando le dieron este honor, Churchill se presentó a las elecciones parlamentarias de 1900, en las que ganó un puesto.

INICIOS DE SU VIDA POLÍTICA

Aunque empezó su carrera en el grupo de los conservadores, en 1904 pasó al de los liberales. Churchill cambió de partido porque estaba en contra de que el **presupuesto** del ejército subiera demasiado. Tampoco quería que las colonias inglesas tuvieran que pagar los impuestos que

---

2. Una división del ejército británico que iba a caballo.

proponían los conservadores. En las elecciones generales de 1906, Churchill tuvo una gran victoria en Mánchester y empezó su carrera como Subsecretario de Estado para las colonias. Ganó prestigio en poco tiempo por su gran labor resolviendo los problemas de los gobiernos del Sur de África.

En 1908, Churchill se convirtió en presidente de la Junta de Comercio, con lo que obtuvo un puesto en el **gabinete** presidencial. Durante ese tiempo, Churchill defendió varias reformas laborales para los trabajadores británicos.

Hacia 1910, Churchill triunfaba en su carrera política y obtuvo el cargo de presidente de la Junta de Interior. La persona en este cargo debía encargarse de mantener el orden público de Gran Bretaña y hacer reformas en el sistema de prisiones.

En octubre de 1911 lo **colocaron** como **Almirante** del ejército británico y creó una Administración Naval de Guerra. A pesar de su experiencia, las **movilizaciones** navales británicas de la Primera Guerra Mundial no tuvieron éxito. Sus fracasos en batalla le llevaron a renunciar a sus otros cargos en 1915.

Desde ese momento y hasta el final de la Primera Guerra Mundial, Churchill tuvo diferentes cargos militares. Después, Churchill ocupó el puesto de Secretario de Guerra.

PRIMER MINISTRO DE INGLATERRA
DURANTE LA SEGUNDA GUERRA MUNDIAL

En los últimos diez años del período de entreguerras, Churchill **advirtió** que Hitler era una amenaza para toda Europa, y sobre todo, de los peligros de dejar a Hitler crear su propia fuerza aérea (*Luftwaffe*), ya que podría llegar a superar la Fuerza Aérea Real de Gran Bretaña. Cuando Hitler empezó a invadir los países cercanos a Alemania, como Austria y Checoslovaquia, las sospechas de Churchill se hicieron realidad. Pero Gran Bretaña le declaró la guerra a Alemania solo cuando Hitler invadió Polonia. Ese mismo día, Churchill recuperó su antiguo cargo de Almirante del ejército británico.

El 11 de mayo de 1940, Chamberlain renunció y Winston Churchill se convirtió en Primer Ministro en un momento en que los Aliados estaban perdiendo la Guerra. Churchill también tomó el cargo de Ministro de Defensa, por lo que su misión principal pasó a ser ganar la guerra.

Durante toda la Segunda Guerra Mundial, hizo todo lo posible por crear un frente unido contra Alemania, Italia y Japón. En junio de 1940 tuvo lugar la batalla de Gran Bretaña, donde Churchill estuvo **al mando**. En este período de tiempo (1940-1941) dio varios discursos por la radio para levantar el ánimo del pueblo británico.

Aún se recuerdan los discursos de Churchill hoy en día. Uno de los más famosos fue el del 13 de mayo de 1940 ante la Cámara de los comunes, donde dijo:

*«Me preguntáis: "¿Cuál es nuestra **aspiración**?" Puedo responder con una palabra: victoria. Victoria **a toda costa**, victoria a pesar de todo el terror; victoria por largo y duro que pueda ser el camino; porque sin victoria, no hay **supervivencia**».*

En 1941, Churchill organizó la alianza entre Gran Bretaña, Estados Unidos y la Unión Soviética contra las fuerzas del Eje. Cuando la Segunda Guerra Mundial finalizó, hubo elecciones generales **adelantadas** en 1945. A pesar de su popularidad, Churchill perdió frente al partido laborista, que proponía unas reformas económicas y sociales mejores.

A pesar de todo esto, el pueblo británico celebró durante mucho tiempo los logros militares de Churchill en la Segunda Guerra Mundial.

Ya en 1951, Churchill ganó las elecciones y regresó por segunda vez al cargo de Primer Ministro de Gran Bretaña. Sin embargo, Churchill ya era muy mayor y sus preocupaciones no se adaptaban al nuevo orden mundial, por lo que recibió muchas críticas durante su **mandato**. En 1955, tras un derrame cerebral que le **paralizó** parcialmente y tras cumplir ochenta años, Churchill se retiró del cargo. En enero de 1965, Winston Churchill falleció a la edad de 90 años. Se celebraron grandes ceremonias de homenaje a su vida en todo el mundo.

Vocabulario

ensayo essay
clase trabajadora working class
descendiente descendant
reconocimiento acknowledgment
presupuesto budget
gabinete cabinet
colocar to put; to designate
almirante admiral
movilización mobilisation
advertir to warn
al mando in charge
aspiración aspiration
a toda costa at all costs, by any means
supervivencia survival
adelantado ahead
mandato rule, administration
paralizar to paralyse
crónica chronicle

2.5. ¿QUIÉN ERA HIDEKI TOJO Y CÓMO EMPEZÓ LA GUERRA DEL PACÍFICO?

- *Hideki Tojo nació en 1884 y murió en 1948.*
- *Fue Primer Ministro de Japón entre 1941 y 1944.*
- *Lideró el ataque a Pearl Harbor.*

Hideki Tojo fue el Ministro de Guerra de Japón durante 1940 y 1941. Más tarde, en octubre de 1941, fue nombrado Primer Ministro de Japón.

Tojo fue uno de los líderes de la expansión imperialista de Japón por el Pacífico y el Sudeste Asiático. También defendió y planificó la invasión de China y el ataque a Pearl Harbor. Por ello, Tojo fue uno de los hombres más importantes del frente de batalla del Pacífico durante la Segunda Guerra Mundial.

Hideki Tojo nació en diciembre de 1884, en Tokio, Japón. Fue hijo del General Eikyo Tojo, un héroe de la guerra ruso-japonesa. En 1908, **se graduó** en la Academia Militar Imperial de Japón, y más adelante sirvió como soldado en la **embajada** de Berlín después de la Primera Guerra Mundial. En 1928, llegó a ser comandante del primer regimiento de infantería y en 1937 lo nombraron jefe de la Armada Kwatung durante la invasión a Manchuria (noreste de China). En ambos cargos, Tojo fue un excelente administrador y comandante de campo, lo que hizo que se hiciera popular dentro de la fuerza militar japonesa. En ese mismo año, regresó a Japón y ocupó el cargo de Viceministro de Guerra.

TOJO DURANTE LA SEGUNDA GUERRA MUNDIAL

Hideki Tojo fue uno de los militares que apoyaron el pacto firmado por Japón, Alemania e Italia en 1940, al inicio de la Segunda Guerra Mundial. En julio de 1940, fue **designado** como Ministro de Guerra durante el mandato del Primer Ministro Konoe Fumimaro. Un año después, el 18 de octubre de 1941, Tojo **reemplazó** a Konoe como Primer Ministro de Japón. Durante su mandato, también cumplió las funciones de Ministro de Comercio y de Industria hasta 1943.

Durante la Segunda Guerra Mundial, Tojo fue uno de los líderes militares más agresivos. Dirigió el ataque aéreo a la base militar estadounidense de Pearl Harbor, que movió a Estados Unidos de América a entrar en la Segunda Guerra Mundial. Además, comandó ataques victoriosos por todo el Sudoeste Asiático y el Pacífico.

Estas numerosas victorias duraron poco, ya que los Aliados pronto hicieron retroceder a Japón en el Pacífico. Para frenar el avance de los Aliados, Tojo tomó el poder de un dictador en febrero de 1943, aunque no logró frenar la captura de Saipán por parte de las tropas estadounidenses, en 1944. Tampoco logró evitar los ataques aéreos contra ciudades del sur de Japón, ni frenar el avance de los Aliados en el Pacífico. Esto ocasionó que obligaran a Tojo a renunciar el 16 de julio de 1944. Desde su renuncia, Tojo entró en la lista de **reserva** del ejército japonés, sin posibilidad de dirigir ningún tipo de grupo armado durante el resto de la Segunda Guerra Mundial.

El 11 de septiembre de 1945, Tojo intentó suicidarse después de que Japón se rindiera, pero los médicos lo **reanimaron** durante la ocupación norteamericana en Japón. Más tarde, en los Juicios de Tokio, lo juzgaron y lo enviaron a prisión. Durante estos juicios, Hideki Tojo admitió que él había iniciado la guerra en el Pacífico, pero negó haber cometido crímenes de guerra. A pesar de esto, lo declararon culpable por cometer crímenes de guerra y lo **sentenciaron** a muerte. Lo ahorcaron el 23 de diciembre de 1948.

Vocabulario

graduarse to graduate
embajada embassy
designado designated
reemplazar to substitute
reserva reserve
reanimar to resuscitate
sentenciar to sentence
inteligencia intelligence, espionaje
altavoces speakers
relevar to relieve (a soldier)

2.6. ¿QUIÉN ERA FRANKLIN ROOSEVELT Y CÓMO ENTRÓ A PARTICIPAR EN LA GUERRA?

- *Franklin Roosevelt nació en 1882 y murió en 1945.*
- *Fue el 32.º presidente de los Estados Unidos.*
- *Decidió que Estados Unidos entraría en la guerra tras el ataque a Pearl Harbor.*

Franklin Roosevelt fue el trigésimo segundo presidente de los Estados Unidos de América. Parte de su mandato **tuvo lugar** durante la Segunda Guerra Mundial. También tuvo que hacer frente a la crisis económica más grande del siglo XX: La Gran Depresión. Ha sido el único presidente de los Estados Unidos con cuatro mandatos presidenciales.

Roosevelt fue hijo único. Vivió en Nueva York, y en 1900 entró a la Universidad de Harvard. Allí **entabló** una relación cercana con su primo Theodore Roosevelt, el vigésimo sexto presidente de los Estados Unidos. Las conexiones de Roosevelt con su primo lo **motivaron** a iniciar su carrera política.

En 1910, Roosevelt ganó su primer cargo político como Senador en el Estado de Nueva York. En 1912, lo reeligieron para el mismo cargo, y en 1913 fue asistente del secretario de la **Marina**.

Su carrera política continuó durante y después de la Primera Guerra Mundial, incluso cuando contrajo la polio en 1921. Es por esta enfermedad que caminaba con **muletas**, y algunas veces, con **silla de ruedas**.

En 1928, Roosevelt se presentó como gobernador del estado de Nueva York y ganó las elecciones por 25 000 votos. En 1930, lo reeligieron como gobernador. Durante sus dos mandatos se concentró en desarrollar la economía del estado, haciendo los impuestos más flexibles y aumentando la asistencia social.

Gracias a su éxito como gobernador de Nueva York, Roosevelt fue el candidato demócrata en las elecciones presidenciales de 1932. Ganó las elecciones con 23 millones de votos, mientras que su oponente solo consiguió 16 millones.

Durante su primer mandato, Roosevelt se enfrentó a la Gran Depresión. Por eso, creó con la ayuda de sus asesores un programa de desarrollo económico llamado *New Deal* para ayudar a los americanos pobres y desempleados. El programa de Roosevelt **sentó las bases** del capitalismo al estilo estadounidense. En 1936, Roosevelt fue reelegido como presidente de los Estados Unidos.

LA SEGUNDA GUERRA MUNDIAL

Hacia el año 1939, Roosevelt impulsó las relaciones de Estados Unidos con Europa. Cuando los gobiernos nacionalistas como el de Hitler y el de Mussolini llegaron al poder, Roosevelt consideró importante que Estados Unidos estuviera en contacto con Europa.

Durante los años 30, Estados Unidos también creó relaciones comerciales con la Unión Soviética y la reconoció como país. Además, Roosevelt puso en marcha la "Política del Buen Vecino" para vigilar de cerca el crecimiento del socialismo y el comunismo en Latinoamérica.

Sin embargo, Estados Unidos no quería enviar tropas para participar en los conflictos europeos tras la Primera Guerra Mundial. En aquella ocasión, los Estados Unidos habían perdido mucho dinero y soldados.

Cuando la Segunda Guerra Mundial estalló, el presidente Roosevelt **convocó** al Congreso a una reunión **extraordinaria** para dar dinero y armas a Francia y Gran Bretaña en su lucha contra Alemania e Italia. También sancionó a Japón con un bloqueo comercial, y el freno a la exportación de petróleo.

En agosto de 1941, firmó con el Primer Ministro inglés Winston Churchill la Carta del Atlántico. Este acuerdo hizo más firme el apoyo de EE. UU. para destruir la amenaza Nazi.

Franklin Roosevelt decidió entrar en la Segunda Guerra Mundial tras el ataque sorpresa contra Pearl Harbor del 7 de diciembre de 1941. Este ataque destruyó parte de la flota estadounidense en el Pacífico. Durante el ataque murieron 2500 militares y **civiles**. Al día siguiente, el 8 de diciembre, Roosevelt pidió en el **Congreso** la declaración de guerra contra Japón. Hacia el 11 diciembre, Alemania e Italia declararon la guerra a los Estados Unidos.

DESPUÉS DE LA GUERRA

Durante la Segunda Guerra Mundial, Estados Unidos se recuperó de la crisis económica, y la industria de las armas y los aviones se hicieron mucho más grandes para ayudar a luchar contra las Fuerzas del Eje.

La participación de los Estados Unidos en la guerra hizo que Franklin Roosevelt fuera uno de los tres grandes líderes de las fuerzas de los Aliados, junto con Winston Churchill y Stalin.

En la campaña presidencial de los Estados Unidos de América en 1944, el pueblo reeligió a Franklin Roosevelt por cuarta vez. Su estado de salud era delicado, ya que sufría del corazón, pero logró ganar la presidencia a pesar de ello.

En 1945, la salud de Roosevelt empeoró, y el 12 de abril de ese año murió de una hemorragia cerebral en Warm Springs, Georgia. Aún se recuerda a Roosevelt como el salvador de la nación durante la Gran Depresión.

Vocabulario

tener lugar to take place
entablar to initiate, to start
motivar to motivate
marina navy
muleta crutch
silla de ruedas wheelchair
sentar las bases to lay the foundations
convocar to call (to a meeting), to summon
extraordinario extraordinary, additional
destructor destroyer (ship)
civil civilian
Congreso Congress, Parliament
sufrir to suffer (from), to have an illness

3. EVENTOS MÁS IMPORTANTES

- *La Segunda Guerra Mundial comenzó en 1939 y terminó en 1945.*

- *Puede dividirse en dos momentos: el inicio de la guerra, cuando las potencias del Eje controlaban Europa, y después de Pearl Harbor, cuando Estados Unidos decidió unirse a la guerra y ayudar a los Aliados a ganar la guerra.*

LVTs approach Iwo Jima during World War II (photo on goodfreephotos.com)

La Segunda Guerra Mundial fue la lucнa armada más grande de toda la historia de la humanidad. En este capítulo descubriremos los eventos más importantes de la Segunda Guerra Mundial y cómo **influyeron** en el desarrollo del conflicto.

A continuación mostramos una cronología de los eventos más importantes de la Segunda Guerra Mundial. Esta **línea de tiempo** hace más fácil entender el desarrollo de esta lucha armada.

CRONOLOGÍA DE LOS EVENTOS MÁS IMPORTANTES DE LA SEGUNDA GUERRA MUNDIAL

1939

- **1 de septiembre**: Alemania empieza la invasión de Polonia. Las tropas alemanas derrotan al ejército polaco en 27 días.

- **3 de septiembre**: Gran Bretaña y Francia declaran la guerra a Alemania.

- **15 de septiembre**: Estados Unidos hace pública su decisión de no participar en la guerra.

- **17 de septiembre**: Las tropas soviéticas entran en la parte oriental de Polonia, y la Unión Soviética y Alemania se reparten su territorio.

- **30 de septiembre**: El ejército soviético entra en Finlandia e instala bases militares en este país.

1940

- **9 de abril**: Las tropas alemanas invaden Dinamarca y Noruega.

- **10 de mayo**: Comienzan los ataques contra Bélgica, Holanda y Luxemburgo.

- **10 de mayo**: Winston Churchill toma el cargo de Primer Ministro de Gran Bretaña.

- **14 de mayo**: El ejército alemán destruye el frente de batalla francés.

- **5 de junio**: El ejército alemán vuelve a destruir la parte sur del frente francés.

- **10 de junio**: Italia se une a Alemania para luchar contra Gran Bretaña y Francia.

- **14 de junio**: Las tropas alemanas entran en París, la capital de Francia.

- **16 de junio**: Pétain se convierte en el jefe del Estado Francés.

- **22 de junio**: Francia firma el armisticio con Alemania. Dos días después firma otro con Italia.

- **12 de julio**: Hitler ordena lanzar ataques aéreos contra Gran Bretaña.

- **27 de septiembre**: Alemania, Italia y Japón firman el Pacto Tripartito para formar las fuerzas del Eje.

1941

- **10 de febrero**: Empiezan los ataques italianos en el Norte de África.

- **14 de marzo**: Estados Unidos empieza a ayudar económicamente a Gran Bretaña para continuar luchando contra los alemanes.

- **6 de abril**: Las tropas alemanas invaden Yugoslavia y Grecia.

- **10 de mayo**: Terminan los bombardeos alemanes al territorio británico. En los ocho meses que duraron los ataques aéreos, los alemanes destruyeron más de un millón de viviendas y asesinaron a cuarenta mil civiles.

- **22 de junio**: Empieza la Operación Barbarroja, en la que más de cuatro millones de soldados alemanes **atraviesan** la frontera de la Unión Soviética. Alemania rompe el trato de no agresión con la Unión Soviética.

- **14 de agosto**: Franklin Roosevelt y Winston Churchill se reúnen y firman la Carta del Atlántico.

- **17 de noviembre**: Las tropas alemanas **se acercan** a cien kilómetros de distancia de Moscú, la capital de la Unión Soviética.

- **7 de diciembre**: Los japoneses atacan la base naval norteamericana de Pearl Harbor. Tras el ataque, Estados Unidos comienza a participar en la guerra.

- **8 de diciembre**: Gran Bretaña y Estados Unidos le declaran la guerra a Japón.

1942

- **9 de enero**: Japón empieza a atacar Filipinas.

- **15 de febrero**: Después de siete días de lucha, Singapur se rinde ante Japón. Los japoneses hicieron prisioneros a ochenta mil soldados en este **enfrentamiento.**

- **27 de febrero**: La Batalla del Mar de Java. En esta batalla, Estados Unidos intentó detener el avance japonés en el resto del Pacífico.

- **9 de abril**: Filipinas se rinde ante Japón.

- **4 de junio**: Las tropas estadounidenses ganan la Batalla de Midway y detienen el avance japonés en el Pacífico.

- **7 de agosto**: Las tropas estadounidenses llegan a Guadalcanal.

- **25 de agosto**: Las tropas rusas realizan un contraataque en Stalingrado contra las tropas alemanas.

- **13 de septiembre**: Los japoneses tratan de atacar a las tropas estadounidenses para capturar Guadalcanal, pero no lo logran y pierden muchos soldados.

- **23 de octubre**: Las fuerzas británicas atacan al ejército alemán en El Alamein, Egipto.

- **4 de noviembre:** Las tropas alemanas se retiran del Norte de África tras haber sufrido su derrota en El Alamein.

1943

- **14 de enero**: Churchill y Roosevelt se reúnen en la Conferencia de Casablanca, donde deciden aumentar los bombardeos americanos contra Alemania.

- **9 febrero**: Después de seis meses de batalla por aire, mar y tierra, los Estados Unidos ganan la Batalla de Guadalcanal y expulsan a las tropas japonesas.

- **15 de marzo**: Las tropas soviéticas recuperan Cracovia (Polonia) de manera definitiva.

- **10 de julio**: Las fuerzas de los Aliados invaden la isla de Sicilia, en Italia.

- **16 de julio**: Las tropas alemanas se retiran de Kursk, en Rusia, tras perder contra las tropas soviéticas.

- **25 de julio**: Arrestan a Mussolini después de que el Gran Consejo Fascista le quitara el poder.

- **3 de agosto**: Italia firma un armisticio con los Aliados, aunque todavía hay tropas italianas y nazis que no aceptan la rendición.

- **28 de noviembre:** Empieza la Conferencia de Teherán, donde se reúnen por primera vez Stalin, Churchill y Roosevelt.

1944

- **15 de marzo:** Las tropas aliadas lanzan 1250 toneladas de bombas en Cassino, Italia.

- **8 de abril**: Los soviéticos lanzan su último ataque contra las tropas alemanas en Crimea.

- **9 de mayo**: Los alemanes abandonan Crimea.

- **17 de mayo**: Los alemanes empiezan a retirarse de Cassino, Italia.

- **25 de mayo**: Las tropas norteamericanas empiezan a dirigirse hacia Roma, la capital de Italia.

- **3 de junio**: Los alemanes empiezan a retirarse de Roma ante la inminente llegada de las tropas norteamericanas.

- **6 de junio**: Día D. Las tropas de los Aliados desembarcan en Normandía.

- **13 de junio**: Se lanzan las primeras bombas V1 fabricadas en Alemania en territorio británico.

- **10 de agosto**: La resistencia japonesa en Guam se rinde.

- **25 de agosto**: Las tropas de los Aliados liberan París.

- **2 de septiembre**: Las tropas rusas llegan a Bulgaria. Están cada vez más cerca de Alemania.

- **8 de septiembre**: Se lanzan las primeras bombas V2 fabricadas por Alemania en territorio británico.

- **16 de septiembre**: Hitler intenta frenar el avance de los Aliados en la Batalla de las Ardenas, pero no consigue tener éxito.

1945

- **16 de febrero:** Empieza la batalla de Iwo Jima.

- **23 de febrero**: Estados Unidos gana la batalla de Iwo Jima con veinte mil soldados japoneses derrotados y mil de ellos arrestados.

- **1 de abril**: Las tropas estadounidenses toman Okinawa, la última isla ocupada por los japoneses.

- **12 de abril**: Tras 12 años como presidente de los Estados Unidos, Franklin Roosevelt muere de un derrame cerebral.

- **13 de abril**: Las tropas rusas capturan Viena.

- **22 de abril**: Hitler decide quedarse en Berlín hasta el final.

- **30 de abril**: Hitler se suicida al verse rodeado por las tropas soviéticas.

- **2 de mayo**: Berlín se rinde ante las tropas soviéticas.

- **8 de mayo**: Se declara la victoria en Europa (VE).

- **6 de agosto**: Estados Unidos lanza la primera bomba atómica en Hiroshima, Japón, por la que murieron más de 100 000 personas al instante.

- **9 de agosto**: Estados Unidos lanza una segunda bomba atómica en el puerto militar de Nagasaki. Murieron también más de 100 000 personas.

- **2 de septiembre**: Japón se rinde y se declara la victoria en Japón (VJ).

Vocabulario

Influir to affect; to have an influence
línea de tiempo timeline
atravesar to go though
acercarse to come closer
enfrentamiento confrontation

3.1 LA RETIRADA DE DUNKERQUE

- *La retirada de Dunkerque fue decisiva para el avance alemán en Europa occidental.*
- *Ocurrió entre el 26 de mayo y el 4 de junio de 1940.*
- *Los alemanes rodearon a los soldados aliados en la playa de Dunkerque.*
- *Cuando la batalla ya estaba perdida, Alemania declaró un alto al fuego para permitir a los británicos rescatar a sus soldados.*
- *Se salvaron más de 338 mil soldados.*

Tras invadir nuevos territorios, Alemania se hizo con el control de los países occidentales de Europa. La **Retirada de Dunkerque** es un evento que **marcó un antes y un después** en el avance alemán por la Europa occidental. Entre el 26 de mayo y el 4 de junio de 1940, los soldados aliados combatieron en la playa de Dunkerque (Francia) para retirarse al final, cuando los alemanes ganaron la batalla.

ANTES DE LA INVASIÓN

Alemania invadió Polonia en 1939, **desatando** la guerra con Europa. Para 1940, Alemania había invadido Noruega y Dinamarca sin encontrar mucha resistencia por parte de sus gobiernos.

Siguiendo los acuerdos del Tratado de Versalles, Francia comenzó a enviar sus tropas hacia los países del norte de Europa para intentar frenar el avance alemán. Por la posición de Noruega y Dinamarca, los Aliados no pudieron entrar en estos países, y Alemania tomó el control de ellos con facilidad.

Tras la conquista del norte, Hitler vio posible la expansión alemana por Europa occidental, por lo que comenzó invadiendo los Países Bajos (Holanda). Los franceses, ingleses, belgas y holandeses se organizaron y se prepararon para el ataque alemán, logrando reunir casi un millón de soldados.

A pesar de sus tropas, los Aliados no pudieron resistir a los soldados alemanes. La fuerza aérea alemana (*Luftwaffe*) tenía más de 5500 aviones y más de 3 millones de soldados a pie. Los alemanes atacaron por tres frentes distintos y, en menos de una semana, Holanda estaba bajo dominio alemán.

La caída de Holanda aceleró la batalla en Bélgica, donde los franceses se **agruparon** para defender su territorio. Los alemanes siguieron avanzando con la ayuda de modernas brigadas de **infantería mecanizada**, que eran grupos de tanques de guerra y otras máquinas usadas durante la Segunda Guerra Mundial por todos los bandos. Aunque los aliados intentaron resistir, los alemanes tomaron Bélgica en poco tiempo.

LA BATALLA DE DUNKERQUE Y LA RETIRADA DE LOS ALIADOS

Mientras los belgas, ingleses y franceses luchaban por el control de la **frontera** entre Bélgica y Francia, Alemania les atacaba por tres frentes.

Más adelante, en una de las estrategias más famosas de la guerra, uno de los frentes alemanes atacó a los soldados aliados por detrás. Cientos de soldados quedaron **acorralados** en Dunkerque, una playa a menos de 10 kilómetros de Bélgica. Los alemanes viajaron por la costa norte de Francia mientras otro frente **presionaba** desde Bélgica, y cientos de miles de soldados quedaron atrapados por los alemanes. Al verse rodeados, el rey Leopoldo de Bélgica se rindió, por lo que los alemanes dejaron salir a los soldados belgas de la playa.

En ese momento, la batalla estaba perdida: las fuerzas británicas y francesas estaban débiles. Mientras los soldados intentan retirarse, los barcos alemanes aumentan la lucha y la mayoría debe quedarse en las playas francesas. En este momento, Hitler toma una de las decisiones más controvertidas de la guerra: declarar un **alto el fuego** siguiendo los consejos de dos generales alemanes. Las tropas que rodeaban Dunkerque dejaron de atacar durante tres días. Esta pausa permitió a los británicos ayudar a sus soldados a volver a casa.

Esta operación de rescate se conoció como "Operación Dinamo". La Marina Británica se encargó de esta operación, que comenzó el 27 de mayo y terminó el 7 de junio.

Escaparon más de 338 000 soldados aliados en este rescate. La mitad de ellos eran británicos y los demás, polacos, franceses y belgas.

Muchos pescadores y marineros británicos ofrecieron sus barcos de pesca, de vela y de transporte para ayudar a los soldados a escapar. Navegaron desde el Reino Unido hasta Francia, cruzando el Canal de la Mancha, para rescatar a la mayor cantidad posible de soldados. Estos salieron de Dunkerque el 3 de junio, pero Churchill insistió en volver a por la mayor cantidad de soldados franceses que fuera posible. También dijo en aquel momento:

*"Lucharemos en Francia, lucharemos en los mares y océanos, lucharemos con **creciente** confianza y creciente fuerza en el aire. Defenderemos nuestra isla a cualquiera que sea el coste. Lucharemos en las playas, lucharemos en los **aeródromos**, lucharemos en los campos y en las calles, lucharemos en las **colinas**. Nunca nos rendiremos..."*

Aunque lograron rescatar a más de 25 000 soldados franceses el último día de alto al fuego, 30 000 más fueron abandonados y tuvieron que rendirse ante los alemanes.

CONSECUENCIAS DE LA RETIRADA DE DUNKERQUE

No están claras las razones del alto al fuego alemán, aunque muchos historiadores consideran que fue una táctica de Hitler para conseguir la rendición del Reino Unido.

Por otra parte, la retirada de Dunkerque fue el inicio de una rápida invasión a Francia, ya que en menos de una semana, los alemanes marchaban por las calles de París. Las tropas francesas perdieron más de 40 000 soldados en este enfrentamiento.

Además, en la batalla de Dunkerque, las tropas inglesas tuvieron que abandonar muchos equipos, armas y municiones. Algunos historiadores cuentan que con los equipos abandonados se pudieron haber armado de 8 a 10 divisiones inglesas. Tras la retirada, a los Aliados les faltaban muchos equipos militares, y tuvieron que **reutilizar** máquinas antiguas.

> *¿Sabías que…?*
>
> *La ciudad alemana de Konstanz logró evitar los bombardeos británicos durante el conflicto. Como está cerca de la frontera con Suiza, la ciudad mantenía las luces encendidas por la noche, mientras que los alemanes las apagaban para intentar evitar las bombas. Los aviones británicos pensaban que Konstanz estaba en territorio suizo, así que evitaban bombardearla.*

Vocabulario

retirada retreat
marcar un antes y un después a turning point, to change the course of something
desatar to spark, to trigger
agruparse to group
infantería mecanizada mechanized infantry

frontera border
acorralado trapped, corralled
presionar to put pressure
alto el fuego ceasefire
creciente increasing
aeródromo airfield
colina hill
reutilizar to reuse

3.2 LA OCUPACIÓN DE FRANCIA

- *La invasión de Francia fue uno de los eventos más importantes de la Segunda Guerra Mundial.*
- *La batalla de Dunkerque marcó el inicio de la ocupación de Francia.*
- *Hitler ya estaba en París el 14 de junio de 1940.*
- *La caída de Francia fue uno de los factores que movió a Estados Unidos a unirse a la guerra (la mayoría de los Historiadores no lo considera así).*

Tras la invasión de Polonia, la invasión de Francia fue el evento más importante del inicio de la Segunda Guerra Mundial. En solo 6 semanas, Francia pasó de ser uno de los países Aliados a estar bajo el dominio alemán. Lo que los historiadores llaman "la caída de Francia" incluye también la ocupación de los Países Bajos (actual Holanda) por parte de las fuerzas alemanas.

Como ya **hemos mencionado**, los alemanes ocuparon Europa occidental muy rápidamente en un proceso que terminó con la retirada de Dunkerque y la invasión de Francia.

DESPUÉS DE DUNKERQUE

Tras la retirada de las tropas aliadas de Dunkerque, los Aliados estaban perdiendo la guerra. ¡En solo tres semanas, los alemanes tenían más de un millón de prisioneros de guerra!

El comienzo de la Segunda Guerra Mundial encontró **desprevenida** a Francia, ya que no había desarrollado su fuerza aérea y sus estrategias militares eran antiguas, mientras que los alemanes estaban listos para la guerra y llevaban nuevas estrategias a la batalla.

Por esto, cuando las tropas francesas perdieron en Dunkerque fue fácil avanzar hasta París para los alemanes. ¡Italia declaró la guerra a Francia el 10 de junio, y Hitler ya estaba en la Torre Eiffel el 14 de junio!

Después de que Hitler entrara en la capital de Francia, los alemanes controlaron el país, y las tropas aliadas francesas huyeron a Inglaterra a finales de junio en la operación Ariel.

Los alemanes firmaron un armisticio con el **mariscal** Philippe Pétain, representante del gobierno francés, donde se dejaba claro que Alemania controlaba dos tercios del país y limitaba las funciones del ejército francés. A partir de este momento, el gobierno "de Vichy" y su representante Pétain controlaron Francia.

CONSECUENCIAS DE LA
CAÍDA DE FRANCIA

Cuando Hitler logró controlar Francia, la guerra parecía perdida para los Aliados, ya que en ese momento, solo Inglaterra seguía **a salvo de** los alemanes. El territorio francés está muy cerca de la isla, así que Alemania estaba en posición de presionar a Inglaterra y conseguir un acuerdo beneficioso para los alemanes.

Esta amenaza era muy real, por lo que once días después de la caída, Churchill ordenó a la marina británica destruir un **escuadrón naval** francés que se encontraba **ante** la costa del norte de África para evitar que los alemanes capturaran los barcos.

Por este y por otros ataques al armamento francés, el gobierno **colaboracionista** francés casi declaró la guerra a Inglaterra cuando ordenó atacar otros barcos de la marina británica y lanzarse contra Gibraltar.

En resumen, podemos decir que la caída de Francia dejó claro que la Segunda Guerra Mundial sería un enfrentamiento largo y que sería necesario que participaran las dos grandes potencias que Alemania aún no había tocado: la Unión Soviética y Estados Unidos.

Vocabulario

haber mencionar to have mention
desprevenido unprepared
mariscal marshall
caída fall
a salvo de safe from
escuadrón naval naval squadron
ante in front of
colaboracionista collaborationist
arriesgarse to risk
acumular to build up, to accumulate

3.3. ¿CÓMO SE DESARROLLÓ LA BATALLA DE INGLATERRA?

- *La Batalla de Inglaterra tuvo lugar entre julio y septiembre de 1940.*

- *El código alemán para la batalla fue "Operación Lobo Marino".*

- *Consistió sobre todo en combates aéreos, y se lanzaron muchas bombas en territorio inglés.*

- *Durante los bombardeos murieron 40 000 civiles ingleses.*

View of London after the blitz, 1940 photo on goodfreephotos.com

La Batalla de Inglaterra tuvo lugar en el aire, entre julio y septiembre de 1940. Es famosa porque Gran Bretaña se defendió con eficacia de los ataques aéreos de la fuerza aérea alemana (*Luftwaffe*).

¿POR QUÉ COMENZÓ LA BATALLA DE INGLATERRA?

Cuando los alemanes invadieron Francia, Gran Bretaña se quedó sola en las batallas del continente europeo, aunque los alemanes no tenían un plan **concreto** para invadir Gran Bretaña. Parecía que los británicos iban a perder la guerra y debían rendirse, pero Winston Churchill **se negó** a cualquier clase de pacto con los nazis. Por ello, el 16 de julio de 1940 Hitler ordenó a la fuerza aérea prepararse para la Operación Lobo Marino. El objetivo de esta operación era invadir Gran Bretaña, y **según** sus planes, la operación debía empezar en agosto de ese mismo año.

Sin embargo, el ejército alemán tardó demasiado tiempo en prepararse. Las tropas de Hitler no tenían mucha experiencia manejando barcos, mientras que la Marina Real de Gran Bretaña era muy poderosa en ese momento.

Por eso, Alemania decidió atacar Gran Bretaña por aire con la división aérea. En un principio, los bombardeos trataron de destruir los barcos y aviones ingleses para hacer más fácil la invasión alemana con soldados a pie.

LOS ATAQUES

El primer ataque aéreo a Inglaterra ocurrió el 13 de agosto. Como el objetivo inicial de los ataques era debilitar las fuerzas militares británicas, los primeros bombardeos atacaron varias bases aéreas y navales. Los alemanes también pasaron a atacar fábricas de aviones y radares para disminuir la capacidad de detección de aviones enemigos de los británicos.

A pesar de este primer plan, Alemania cambió sus planes durante los bombardeos y atacó las ciudades de Gran Bretaña, al tiempo que **dejaba de lado** las estaciones militares, con la intención de bajar la moral de los británicos.

Gracias a la Batalla de Inglaterra, la Segunda Guerra Mundial se conoció como una "guerra de máquinas". En las guerras anteriores, la industria no había sido tan importante, pero en la Segunda Guerra Mundial ambos bandos usaron cinco inventos: los portaaviones, los aviones bombarderos, el radar, la **ametralladora** y los tanques blindados. El uso de aviones de guerra **marcó la diferencia** en las luchas armadas, porque usando ataques aéreos se podían eliminar grandes ejércitos, explotar grandes tanques blindados e incluso destruir submarinos. En esta batalla, ambos bandos atacaron las ciudades con bombas aéreas y causaron la muerte a miles de civiles **desarmados**.

En un inicio, las fuerzas aéreas alemanas no tenían un plan fijo de ataque. A principios de septiembre, los alemanes lanzaron bombas en un área civil de Londres por primera vez. Según algunos historiadores, este ataque pudo haber sido un error de los alemanes, ya que querían atacar bases militares. Tras el atentado de Londres, los británicos respondieron lanzando bombas en Berlín, la capital de Alemania.

El ataque a Berlín **enfureció** a Hitler, y a partir de ese momento ordenó que la mayoría de los ataques fueran contra Londres y otras ciudades de Gran Bretaña. Desde el 7 de septiembre, los alemanes bombardearon Londres durante cincuenta y siete noches **consecutivas**. Las ciudades de Glasgow, Clydeside, Plymouth, Belfast y Liverpool también sufrieron los ataques de los aviones alemanes.

Hacia finales de septiembre de 1940, la *Luftwaffe* había perdido más de seiscientos aviones, mientras que la Fuerza Aérea Real perdió solo doscientos sesenta. A mediados de septiembre, Alemania paró los ataques aéreos, ya que los británicos destruían más aviones de los que podían construir. Por esto, la *Luftwaffe* cambió sus bombardeos **diurnos** por otros **nocturnos** para que los aviones fueran más difíciles de detectar.

Los británicos no solo se defendieron de Alemania con aviones militares. También utilizaron mensajes de radio para avisar a las ciudades antes de que llegaran los aviones alemanes. Así, los civiles tenían tiempo de refugiarse en estaciones de metro y **sótanos**, y las fuerzas aéreas tenían tiempo para contraatacar.

Además, la Real Fuerza Aérea usaba radares para encontrar el lugar **preciso** donde estaban los aviones alemanes.

También utilizaba la información descifrada por Enigma, la máquina que sirvió para la creación de las computadoras y ordenadores modernos. Gracias a ella, la Real Fuerza Aérea sabía dónde iban a atacar los alemanes.

Debido a estas dificultades, Hitler decidió posponer la Operación Lobo Marino hasta el invierno de 1940. En realidad no tenía intenciones de volver a iniciar la operación, ya que prefería que todas sus tropas se concentraran en la invasión de La mitad de los ataques de esta operación **castigaron** a la ciudad de Londres. Durante los bombardeos a Inglaterra murieron 40 000 civiles ingleses. Además, 46 000 civiles resultaron heridos y más de un millón de viviendas quedaron destruidas. Los alemanes perdieron aproximadamente unos 2500 pilotos y un total de 2400 aviones.

¿Sabías que…?

Cuando comenzaron los bombardeos en Londres, el Zoológico mató a todos sus animales venenosos. Con esto querían evitar que se escaparan animales peligrosos si alguna bomba dañaba el zoológico.

Vocabulario

concreto concrete, specific
negarse to refuse
según according to
dejar de lado leave aside
ametralladora machine gun

marcar la diferencia make a difference
desarmado unarmed
enfurecer to enrage, to make someone furious
consecutivo consecutive
diurno day
nocturno night
sótano basement
preciso exact
castigar to punish
venenoso poisonous

3.4. ¿EN QUÉ CONSISTIÓ LA OPERACIÓN BARBARROJA?

- *Hitler planeó la Operación Barbarroja.*
- *Los alemanes querían invadir la Unión Soviética.*
- *Alemania rompió su tratado de no agresión con Rusia en junio de 1941.*
- *Las tropas alemanas se debilitaron con el invierno ruso.*
- *Los soviéticos lograron derrotar a las tropas alemanas en la primavera de 1942.*

La Operación Barbarroja fue un plan de Hitler para invadir el territorio oeste de la Unión Soviética (actual Rusia). La invasión empezó el 22 de junio de 1941.

¿POR QUÉ ALEMANIA INVADIÓ RUSIA?

A pesar del trato de no agresión entre Alemania y la Unión Soviética, Hitler decidió atacar a la Unión Soviética en junio de 1941. Este ataque sucedió por varias razones:

1. En primer lugar, Alemania tenía miedo de que las tropas soviéticas atacaran mientras los alemanes estaban ocupados en el oeste de Europa.

2. Además, Hitler consideraba que el comunismo y el socialismo soviéticos eran un peligro para Europa.

3. Por último, la Alemania Nazi podría **aprovecharse** del territorio de la Unión Soviética y de su petróleo, minerales, **trigo y mano de obra** barata.

Sin embargo, la decisión de atacar la Unión Soviética fue muy arriesgada. Es importante recordar que Alemania combatía en dos frentes: en el **occidental** contra Gran Bretaña y en el **oriental** contra la Unión Soviética.

El plan inicial de Hitler era atacar el territorio soviético en mayo de 1941, pero la operación **se retrasó** cinco semanas porque Alemania invadió Yugoslavia y Grecia. En esta situación, a las tropas alemanas solo les quedaban unos meses para invadir la Unión Soviética: antes de los meses de invierno.

LA OPERACIÓN BARBARROJA: EL PLAN

Hitler envió cuatro millones de soldados, repartidos en 150 divisiones, a invadir la Unión Soviética, así como 3000 tanques, 7000 piezas de **artillería** y 3000 aviones. Este fue el mayor **despliegue** militar para una invasión de la historia de la humanidad.

Estas tropas y máquinas de guerra tenían el objetivo de recorrer una gran distancia en poco tiempo. Los soviéticos tenían aproximadamente el doble de tanques y aviones, pero la mayoría eran modelos antiguos.

Había dos planes para invadir la Unión Soviética: el del General Marcks y el de Hitler. Marcks proponía dos frentes: la mitad de los soldados atacarían Moscú directamente, y los demás atraparían a las tropas soviéticas desde atrás. En cambio, Hitler quería atacar por 3 frentes: por el norte (Leningrado), por el centro (Moscú) y por el sur (hacia Ucrania). Hitler decidió seguir su propio plan, aunque la invasión fuera más lenta.

Al principio de la operación, los alemanes se **hicieron con** varias ciudades importantes: Riga, Smolensk y Kiev. Estas ciudades cayeron porque Stalin y el Ejército Rojo no sospechaban de la traición alemana. Antes de iniciar la Segunda Guerra Mundial, Alemania y Rusia habían firmado el Pacto de No Agresión, y Stalin confiaba en el tratado.

LA INVASIÓN

Las tropas soviéticas lucharon duramente contra los alemanes. A medida que Alemania invadía territorio soviético, el Ejército Rojo quemaba granjas, destruía puentes y fábricas e incluso **desmontaba vías de tren** para que los alemanes no pudieran usarlas.

Los alemanes avanzaron mucho en poco tiempo, pero los soviéticos prefirieron defenderse de las tropas alemanas en las grandes ciudades: Leningrado, Stalingrado y Moscú. Además, el invierno ruso comenzó en octubre, y las tropas alemanas ya estaban cansadas, pues ya llevaban varios meses luchando en el frente.

Las lluvias típicas de octubre llenaron de **barro** los caminos de tierra, así que los pesados tanques alemanes se quedaban atascados y no podían avanzar. **Por si fuera poco**, en noviembre y diciembre las temperaturas bajaron a 38 °C bajo cero (-38 °C). Por suerte para Rusia, el invierno de 1941 fue uno de los más fríos que se recuerdan en el país.

Las tropas alemanas no estaban preparadas para **aguantar** un tiempo tan frío, ya que no tenían ropa **adecuada**. Incluso las tropas de apoyo estaban muy retrasadas también, para proporcionar comida, abrigos, y municiones. Esto agotó a las tropas y tuvieron que avanzar más despacio.

DESPUÉS DEL INVIERNO: EL FIN DE LA OPERACIÓN

Para la primavera de 1942, los alemanes no habían avanzado por el territorio ruso. La Operación Barbarroja llegó a su fin cuando el Ejército Rojo empezó a reunir las tropas de reserva que desplegó Stalin. A partir de este momento, las tropas soviéticas empezaron a recuperar territorio y las ciudades tomadas por los nazis. Poco a poco, el ejército soviético comenzó a marchar hacia Alemania.

Muchas personas murieron durante la Operación Barbarroja: más de 21 millones de rusos y 7 millones de alemanes.

¿Sabías que...?

El frío invierno ruso fue clave para derrotar a los alemanes en el frente del Este durante la Segunda Guerra Mundial. No solo los soldados sufrieron con el frío: los tanques de guerra y los todoterrenos no funcionaban, los motores se congelaban y los soldados debían empujar los pesados vehículos a través de la nieve.

Vocabulario

aprovecharse to take advantage
trigo wheat
mano de obra workforce
occidental western
oriental eastern
retrasarse to delay
artillería artillery
despliegue deployment
apoderarse de to seize, to take over
desmontar to dismantle, to take apart
vías de tren railways
barro mud
por si fuera poco on top of that
aguantar to stand, to endure
adecuado suitable, adequate
clave key
todoterreno off-road, all-terrain

3.5. ¿QUÉ OCURRIÓ EN PEARL HARBOR?

- *Pearl Harbor es una base estadounidense en el Pacífico.*
- *Japón atacó Pearl Harbor preventivamente, para debilitar las fuerzas americanas en el Pacífico.*
- *Las bombas aéreas destruyeron parte del armamento marítimo estadounidense.*
- *Luego del ataque, Estados Unidos decidió enviar tropas para combatir a las fuerzas del Eje.*

USS Arizona Sunk during the attack on Pearl Harbor, World War II on goodfreephotos.com

El ataque a Pearl Harbor es uno de los episodios más conocidos de la Segunda Guerra Mundial, porque hizo que Estados Unidos entrara en la guerra. Tras el ataque, Estados Unidos empezó a enviar tropas a Europa y al Pacífico para eliminar la amenaza de Japón, Alemania e Italia.

Pearl Harbor es una base naval de los Estados Unidos que se encuentra en la isla de Oahu, Hawái. El 7 de diciembre de 1941, los aviones y submarinos japoneses atacaron esta base.

LAS CAUSAS DEL ATAQUE

Japón atacó Pearl Harbor por varias razones:

1. La principal fueron los problemas económicos que tenía Japón, que se debían en parte a las sanciones que le impusieron los Estados Unidos.

2. Uno de sus castigos fue que otros países, incluidos los Estados Unidos, dejaran de importar petróleo a Japón. Hacia 1940, Japón solo tenía petróleo para menos de dos años. Sin petróleo, Japón no podría continuar la guerra contra China, y el país no podría seguir conquistando territorios. Para evitarlo, los comandantes japoneses Tojo y Yamamoto planearon entrar en guerra antes de que el **petróleo** se acabara.

Por eso, Japón planeó invadir las colonias británicas y holandesas de Malasia y Birmania, Australia y las Filipinas en el Sudeste Asiático. Para tener éxito, antes debían **desarmar** a Estados Unidos, que podía defender estas colonias desde la base naval de Pearl Harbor.

Después de que las negociaciones entre Estados Unidos y Japón no llegaran a nada, el Primer Ministro japonés, Hideki Tojo, ordenó el ataque a Pearl Harbor. El almirante Yamamoto planeó y organizó el ataque. ¡Los comandantes norteamericanos ubicados en Pearl Harbor nunca pensaron en que podían atacar la base **por sorpresa**! Por eso, cuando llegaron los aviones japoneses, los estadounidenses no estaban preparados para defenderse.

EL ATAQUE A PEARL HARBOR

A las 7:55 de la mañana, los primeros aviones japoneses volaron sobre Pearl Harbor. Eran los primeros de los 350 aviones que atacaron la base naval. Esta primera serie de ataques fue la más destructiva.

La segunda serie de ataques comenzó a las 8:50 de la mañana. Como el ataque fue un domingo por la mañana y muchos soldados estadounidenses estaban de **permiso**, no había suficientes tropas en la base de Pearl Harbor para responder a la ofensiva japonesa.

Pearl Harbor fue un **triunfo** de los japoneses. En dos horas destruyeron 350 aviones y dañaron 5 barcos de guerra. Además, murieron 2300 soldados y civiles, y hubo 1100 heridos. Los japoneses solo perdieron 60 aviones, 5 submarinos y menos de 100 soldados.

LAS CONSECUENCIAS

A pesar de que este ataque fue tan efectivo, los japoneses no destruyeron elementos importantes de Pearl Harbor. Las reservas de combustible y varios barcos de guerra quedaron intactos.

En general, las consecuencias del ataque fueron **a corto plazo**. Algunos meses después, los norteamericanos ya habían recuperado su poder militar en el Pacífico. Aun así, el ataque sorpresa a Pearl Harbor cambió la **escala** de la Segunda Guerra Mundial por completo, ya que el conflicto llegó a Asia y al Pacífico. Además, Estados Unidos entró en la guerra tras el ataque.

¿Sabías que...?

Las hamburguesas ya eran una comida popular en Estados Unidos antes de la guerra. Cuando comenzó el conflicto, la gente comenzó a dejar de comerlas por su asociación con Alemania. Por eso comenzaron a llamarlas liberty steaks (filetes de la libertad).

Vocabulario

petróleo oil
desarmar to disarm
por sorpresa unexpectedly
permiso leave
triunfo triumph
a corto plazo in a short term
escala scale
asociación association, relation

3.6. ¿CÓMO SE DESARROLLÓ LA BATALLA DE MIDWAY?

- Las islas Midway son un pequeño territorio estadounidense del Pacífico. Desde el principio del siglo XX se utilizó como puerto militar.

- Allí se libró una batalla naval y aérea entre Estados Unidos y Japón que determinó quién iba a dominar el Pacífico.

- Estados Unidos ganó al destruir la mayoría de la fuerza naval y aérea japonesa.

Mikuma shortly before sinking during Battle of Midway, World War II
(photo by goodfreephotos.com)

La Batalla de Midway fue una batalla clave en el desarrollo de la guerra en el Pacífico. Durante este enfrentamiento, Estados Unidos consiguió debilitar a las fuerzas japonesas.

ANTES DE LA BATALLA

Seis meses después de Pearl Harbor, los japoneses habían invadido casi todas las colonias británicas, holandesas y norteamericanas **ubicadas** en el Pacífico asiático. Así, Japón había extendido su dominio desde Hawái hasta Ceilán.

Sin embargo, el **choque** entre japoneses y estadounidenses era inevitable. Por eso, los comandantes japoneses organizaron un ataque a la base naval más fuerte de los Estados Unidos. Los japoneses **escogieron** la base de las islas Midway, donde tuvo un enfrentamiento naval y aéreo a gran escala.

LAS ISLAS MIDWAY

El Capitán estadounidense Brook **reclamó** las Islas Midway para Estados Unidos el 5 julio de 1859. Este territorio está formado por dos islas pequeñas: la Isla del Este y la Isla Arena. Su extensión total es de 6,2 kilómetros cuadrados.

En 1867, las islas Midway pasaron oficialmente a formar parte del territorio de los Estados Unidos de América. Durante muchos años no tuvieron un uso concreto, pero en 1903 el presidente Theodore Roosevelt puso las islas bajo la administración de la Marina. A partir de ese momento, Midway se utilizó como un punto medio del cable submarino que iba de Hawái a Filipinas. En 1935, las pequeñas islas empezaron a ser una parada **obligatoria** de los vuelos sobre el Pacífico.

Sin embargo, a partir de la Segunda Guerra Mundial se empezó a utilizar Midway con fines estratégicos. En 1940, se instalaron bases aéreas y submarinas, así como tres pistas de **aterrizaje**, una planta eléctrica y una **emisora** de radio. Por esta razón, Japón se dio cuenta muy pronto de la importancia de atacar e invadir estas islas y con ello asegurar su dominio en el Pacífico.

En 1942, la Marina japonesa desplegó gran parte de su armamento para destruir la flota norteamericana e invadir las islas Midway. El capitán Yamamoto envió 4 **portaaviones** pesados, 2 portaaviones ligeros, 7 barcos de combate, 15 **cruceros**, 42 destructores y 10 submarinos, además de más de 400 aviones de combate. La fuerza armada estadounidense envió menos armamento a la batalla, por lo que estaba **en desventaja.**

La batalla de las islas Midway empezó el 3 de junio de 1942. Un avión de **reconocimiento** estadounidense vio a la flota japonesa a unos 800 kilómetros de Midway. Los estadounidenses trataron de bombardear los barcos que se aproximaban, pero no lograron detenerlos.

Al día siguiente, el 4 de junio de 1942, la batalla continuó. Los japoneses atacaron las islas Midway con aviones. El ataque duró una hora y media. Lograron destruir muchas de las instalaciones militares de las islas a base de bombardeos. Sin embargo, las pistas de aterrizaje no fueron un objetivo porque los japoneses pensaban utilizarlas cuando terminara la invasión. A pesar de la respuesta estadounidense contra los aviones, los japoneses solo perdieron 10 aviones de combate.

Después de ese primer ataque japonés, comenzó la parte aérea de la batalla de Midway. De los 41 ataques realizados por los aviones estadounidenses, solo seis regresaron enteros, y ninguno de ellos logró **acertar** a su **objetivo**. Los aviones japoneses no lograron destruir ningún barco estadounidense, pero acertaban con mayor frecuencia. Por eso, los japoneses estaban ganando al inicio de la batalla de Midway.

De repente, la batalla dio **un giro de 180 grados**. Los estadounidenses contraatacaron con 17 aviones que lanzaron varias bombas en picado desde una altura de unos 5800 metros. Este ataque fue muy efectivo: **hundieron** dos portaaviones pesados japoneses junto con todos los aviones que transportaban. Gracias a esta acción, los estadounidenses lograron detener la invasión japonesa, siendo un punto de quiebra.

La fuerza naval y aérea estadounidense ganó la batalla de Midway por dos razones principales:

1. Los estadounidenses **descifraron** el código de radio de los japoneses antes del combate. Por eso, sabían exactamente cuándo y dónde se lanzaría el ataque, y

tuvieron tiempo de sobra para planificar su defensa y contraataque.

2. Los japoneses **se confiaron** en su gran número de aviones y cometieron varios errores estratégicos. Por ejemplo, repartieron sus fuerzas en varias zonas del Pacífico, mientras que los Estados Unidos concentraron todas sus fuerzas en Midway. Al mismo tiempo, los japoneses atacaron con todos sus aviones a la vez, lo que convirtió a los portaaviones en un objetivo fácil.

En la batalla de Midway se perdieron varios barcos de guerra, tanto estadounidenses como japoneses, siendo un desastre militar para la marina japonesa. Además, Japón perdió 280 aviones, y Estados Unidos, 179. También hubo pérdidas humanas: en el lado japonés fallecieron 3500 marinos y pilotos, mientras que en el lado estadounidense fallecieron 307.

La victoria de la batalla de Midway fue muy **beneficiosa** para los Aliados. Después de ella, se frenó el avance japonés por el Pacifico, ya que no tenían suficientes portaaviones ni aviones de combate. A partir de ese momento, las tropas norteamericanas empezaron a **recuperar** islas invadidas por los japoneses.

¿Sabías que…?

Durante la Segunda Guerra Mundial, los soldados tenían racionado el papel higiénico. Los soldados británicos tenían derecho a 3 hojas de papel higiénico al día. Los americanos tenían derecho a 22 hojas diarias

---

Vocabulario

ubicado located
choque clash
escoger to choose
reclamar to claim
obligatoria compulsory, mandatory
aterrizaje landing
emisora radio station
portaaviones aircraft carrier
crucero warship, frigate
en desventaja at a disadvantage
reconocimiento reconnaissance
acertar to hit
objetivo target
un giro de 180 grados a u-turn
hundir to sink
descifrar to decipher, to decode
tiempo de sobra more than enough time
confiarse to be overconfident
beneficioso beneficial
recuperar to recover, to regain
racionar to ration

3.7. ¿CÓMO GANARON LOS BRITÁNICOS LA BATALLA DE EL ALAMEIN?

- *El Alamein es un desierto situado a 150 kilómetros de distancia de El Cairo (Egipto).*
- *Esta batalla fue decisiva en la Segunda Guerra Mundial. Marcó el inicio de la expulsión de las fuerzas del Eje del norte de África.*
- *Se enfrentaron en combate la Octava Armada Británica y el Afrika Korps, dirigido por el general alemán Erwin Rommel. Después de un duro combate, ganó el ejército británico.*

La batalla de El Alamein tuvo lugar en el norte de África en octubre de 1942, entre las fuerzas del Eje y las de los Aliados. Durante este conflicto **se determinó** quién iba a controlar la región. Este lugar era importante para defender o atacar a la Europa mediterránea y sostener el abastecimiento de petróleo.

En febrero de 1941, **se nombró** al general alemán Erwin Rommel como comandante del *Afrika Korps*, el ejército de las fuerzas del Eje en el norte de África. Lo colocaron en este puesto para controlar a los británicos, que estaban venciendo al ejército italiano tras varios combates en esta zona. Mientras, la Octava Armada Británica, con el general

Montgomery como líder, era el ejército más importante del otro bando.

La batalla de El Alamein tuvo dos partes: la primera se **llevó a cabo** en junio y la segunda, en octubre de 1942. En la primera parte, el general Rommel **lanzó un ataque** contra las tropas británicas instaladas cerca de El Cairo, la capital de Egipto. En la segunda, el general británico Montgomery contraatacó a las tropas ítalo-alemanas.

LA PRIMERA BATALLA

La primera batalla de El Alamein empezó cuando las tropas alemanas e italianas se acercaron a Trobuck (Libia). Allí, las fuerzas del Eje destruyeron la mayoría de los tanques británicos de la zona.

Más tarde, los alemanes e italianos se desplazaron hacia la capital de Egipto para luchar contra las tropas defensivas británicas que **se hallaban** en el desierto de El Alamein. La batalla duró unos 15 días sin que ninguno de los dos bandos avanzara. La batalla terminó con el **estancamiento** de las tropas del *Afrika Korps* en posición defensiva. En esta primera parte, los Aliados perdieron 13 000 soldados y 150 000 resultaron heridos. Por su parte, las fuerzas del Eje contaron con las **bajas** de 10 000 soldados y con 96 000 heridos.

Durante un mes, ambos bandos se prepararon para la segunda batalla de El Alamein. La Octava Armada

Británica organizó una línea defensiva mejor que impedía la entrada de tanques y otros vehículos terrestres. Al mismo tiempo, el Afrika Korps colocó miles de minas **antipersona** y antitanque por toda la zona. Estas minas **detonaban** cuando una persona o tanque pasaba por encima de ella.

LA SEGUNDA BATALLA

La segunda batalla de El Alamein empezó en septiembre de 1942. Los británicos atacaron primero, y los alemanes e italianos tomaron posiciones defensivas.

El avance de las tropas británicas fue muy lento debido a la gran fuerza de contraataque de los alemanes e italianos. Al principio, parecía que las fuerzas del Eje no iban a **ceder** ante las tropas británicas. Sin embargo, las tropas de la infantería australiana y **neozelandesa** llegaron para ayudarles. Gracias a ellas, los Aliados consiguieron vencer a las tropas alemanas.

Hitler le ordenó al general Rommel que no se retirara del desierto de El Alamein, a pesar de que la batalla ya estaba perdida para los alemanes. Sin embargo, Rommel se retiró el 4 de noviembre. En esta segunda parte, los Aliados tuvieron 4800 soldados fallecidos y 9000 heridos, mientras que en las fuerzas del Eje hubo 9000 soldados muertos, 15 000 heridos y 30 000 capturados como prisioneros.

¿POR QUÉ GANARON LOS ALIADOS?

Hay dos razones principales que explican la victoria de los Aliados en el desierto de El Alamein:

1. **La llegada de refuerzos**: La pausa de más de un mes entre la primera y segunda parte de la batalla permitió al ejército británico prepararse con abundantes refuerzos (sobre todo, gracias a las tropas australianas y neozelandesas). De esta manera, los británicos reunieron más del doble de tropas que los alemanes e italianos: 230 000 soldados y 1440 tanques británicos **en comparación con** los 80 000 soldados y 540 tanques de las fuerzas del Eje.

2. **La ayuda de la fuerza aérea**: Los ataques continuos de la fuerza aérea de los Aliados evitaban la llegada de **suministros** a las tropas alemanas. Casi todos los barcos alemanes e italianos que cruzaban el Mar Mediterráneo recibían ataques aliados. Por esto, en octubre de 1942, al ejército ítalo-alemán comenzaron a faltarle alimentos, combustible y municiones.

CONSECUENCIAS DE ESTA BATALLA

Lo más importante de la victoria de los Aliados en El Alamein fue la expulsión de los alemanes e italianos de la zona estratégica del norte de África.

Tras controlar el norte de África, las fuerzas de los Aliados pudieron invadir Italia años más tarde. Además, la batalla de El Alamein obligó a Hitler a **dividir** sus tropas entre Unión Soviética y el Norte de África. Esto debilitó la potencia de ataque de los alemanes, tanto en el frente occidental como el oriental.

La batalla de El Alamein fue la primera victoria de los británicos en los tres años de guerra que llevaban contra Italia y Alemania. Esto levantó los ánimos del pueblo y del ejército británico. Incluso Winston Churchill reconoció que la victoria de El Alamein fue el inicio de una serie de triunfos que llevaron a los Aliados a ganar la Segunda Guerra Mundial.

¿Sabías que…?

La Coca Cola se consideraba esencial para las tropas americanas, hasta el punto de que instalaron 3 fábricas embotelladoras de esta bebida durante la ocupación del norte de África.

Vocabulario

determinar to determine, to settle
nombrar to designate
llevar a cabo to carry out
lanzar un ataque launch an attack
hallarse to be located, to find oneself
estancamiento standstill, stalemate
baja casualty
antipersona antipersonnel
detonar to explode
ceder to yield, to surrender
neozelandés New Zealander
en comparación con in comparison with
suministros supplies
dividir to split
hasta el punto de que to the extent of

3.8 ¿CÓMO CAYÓ DERROTADO EL EJÉRCITO ALEMÁN EN STALINGRADO?

- *Stalingrado fue una ciudad de la Unión Soviética. Le pusieron ese nombre en honor a Stalin.*
- *Allí tuvo lugar la batalla más grande y violenta de toda la Segunda Guerra Mundial.*
- *Durante esta batalla, las tropas soviéticas defendieron la ciudad de la invasión alemana con éxito.*

Ilustración 1 Pavlov's House in Stalingrad in World War II (photo on goodfreephotos.com)

La derrota de los alemanes en Stalingrado (Rusia) marcó el inicio de la victoria de los Aliados. Esta batalla fue una de las más grandes y violentas de la guerra.

Las tropas alemanas entraron a la Unión Soviética por Crimea, en el frente sur, y capturaron la ciudad de Rostov. En agosto de 1942, el objetivo de los alemanes era hacer lo mismo con Stalingrado. Sin embargo, las tropas soviéticas se negaron a **entregar** la ciudad a los alemanes. A pesar de que la ciudad quedó destruida en muy poco tiempo, las tropas soviéticas resistieron y contraatacaron con todas sus fuerzas. Finalmente, los rusos lograron detener la invasión alemana.

¿POR QUÉ QUERÍAN LOS ALEMANES INVADIR STALINGRADO?

Stalingrado era importante para los alemanes porque era una ciudad industrial, que producía armamento y tractores. Además, la captura de Stalingrado podría haber ayudado a los alemanes a subir hacia el norte para invadir Moscú, la capital de Rusia. Por último, capturar la ciudad hubiese sido una excelente propaganda nazi en contra de Stalin, ya que la ciudad se llamaba así **en su honor.**

EL COMIENZO DEL ASEDIO

En julio de 1942, Hitler ordenó la invasión de Stalingrado y del Cáucaso al mismo tiempo. Para ello, Hitler dividió su ejército en dos. Esta decisión fue un error estratégico, ya que Hitler no pensó en que las tropas soviéticas podrían estar tan preparadas para defenderse.

En respuesta a la ofensiva alemana, Stalin ordenó al Ejército Rojo formar el frente defensivo de Stalingrado. Este frente estaba compuesto por tres tropas diferentes y dos divisiones de ataque aéreo.

Además, Stalin ordenó que se siguiera la orden n.º 227, que indicaba que ningún soldado podía rendirse ni retirarse del combate: si no era considerado una traición y con ello la ejecución. La orden también prohibía la evacuación de civiles de la ciudad. Stalin pensaba que las tropas rusas estarían mucho más motivadas para luchar si sabían que no podían rendirse y que estaban defendiendo a los habitantes de la ciudad.

LOS ATAQUES

El 23 de agosto de 1942, las tropas alemanas entraron en la ciudad por el norte. Las fuerzas aéreas alemanas también atacaron buena parte de la ciudad y destruyeron la mayoría de las casas.

A pesar de este primer ataque, las tropas soviéticas resistieron. Los soldados soviéticos **se concentraron** frente al río Volga, desde donde les llegaban suministros de comida y municiones en barcos pequeños.

La batalla tuvo lugar dentro de la ciudad de Stalingrado con tropas pequeñas que se atacaban desde distancias cortas, por lo que los soldados de ambos bandos se resguardaban en las calles y tras los edificios destruidos.

Durante la batalla, los alemanes rodearon a los soviéticos. Sin embargo, las tropas alemanas ya estaban muy debilitadas cuando comenzó el duro invierno ruso.

EL CONTRAATAQUE RUSO

El contraataque soviético empezó el 19 de noviembre de 1942. Esta reacción tomó por sorpresa a los alemanes, los cuales no pensaron en que los soviéticos podían atacar con tal cantidad de soldados.

Los rusos atacaron el lado más débil del ejército del Eje: las tropas **rezagadas** que rodeaban la ciudad de Stalingrado, donde se encontraban los suministros, combustible, y alimentos. Estas tropas estaban llenas de soldados italianos, rumanos y húngaros cansados y sin equipos adecuados para combatir en la nieve. El contraataque soviético tuvo éxito, por lo que el Ejército Rojo pudo rodear al ejército del Eje.

A pesar de ser incapaz de enviar refuerzos, Hitler ordenó que el ejército alemán no se rindiera. En vez de eso, envió suministros a través de aviones que lanzaban cajas con comida, municiones y material médico, pero la ayuda alemana no fue suficiente.

La batalla continuó hasta diciembre de 1942 y enero de 1943, que fue cuando llegó uno de los inviernos más fríos registrados en la historia rusa.

El invierno fue tan frío que el río Volga se congeló en bloque y se formó un suelo sólido por donde podían pasar más refuerzos soviéticos. Esto fue decisivo para la derrota alemana de Stalingrado. Hitler ordenó a sus tropas que murieran luchando. Sin embargo, los alemanes **desobedecieron** sus órdenes y se rindieron el 31 de enero.

CONSECUENCIAS DE LA BATALLA

Gracias a la victoria de Stalingrado, las fuerzas aliadas se reforzaron. Hasta ese momento, los alemanes parecían invencibles, pero esta batalla levantó la moral del ejército soviético. Tras ese momento, los soldados rusos empezaron a contraatacar con fuerza, recuperando los territorios invadidos por los alemanes.

Durante los cinco meses de la batalla de Stalingrado se perdieron muchas vidas. El Ejército Rojo perdió 1 100 000 soldados y murieron 40 000 civiles. Además, murieron 323 000 soldados alemanes y 450 000 soldados italianos, rumanos y húngaros. Los soviéticos capturaron a 91 000 prisioneros alemanes, y solo 6000 de estos prisioneros pudieron regresar a sus países de origen una **década** más tarde.

Vocabulario

entregar to hand over
en honor de after someone
asedio siege
concentrarse to gather, to concentrate
rezagado delayed
en bloque all together; at the same time
desobedecer to disobey, to rebel against
década decade
conmemorar to commemorate

3.9. ¿QUÉ FUE EL "DÍA D"?

- *También se conoce al "Día D" como la Operación Overlord o el Desembarco de Normandía.*

- *Fue el plan que llevaron a cabo los Aliados el 6 de junio de 1944 para reconquistar Europa occidental.*

- *Se desplegaron tropas estadounidenses, británicas y canadienses que liberaron todo el norte de Francia en agosto de 1944.*

Landing Craft delivering Troops to Omaha Beach during D-Day, World War II on goodfreephotos.com

El "Día D" fue un plan de los Aliados para reconquistar Europa occidental, y especialmente Francia, en junio de 1944. En agosto de 1944, los Aliados lograron **retomar** el control del norte Francia.

Tras la invasión de Francia, los alemanes intentaron conquistar Gran Bretaña, ya que si eliminaban al último de los Aliados, Hitler podría tener el control absoluto sobre Europa.

Sin embargo, la Alemania nazi nunca logró invadir territorio británico. Durante todo el conflicto, Gran Bretaña fue la mayor amenaza para los alemanes.

Debido a su posición geográfica estratégica en Europa occidental, la gran mayoría de las tropas de los Aliados partían de Inglaterra. Desde allí también salían aviones de combate que podían bombardear cualquier parte de Europa **en cuestión de** horas o de minutos. Por eso, Hitler sabía que los Aliados tratarían de regresar a Francia desde Gran Bretaña y **reabrirían** el frente de batalla de Europa Occidental.

El "Día D", también conocido como el Desembarco de Normandía u Operación Overlord, fue el plan de los Aliados para recuperar el control del norte de Francia.

EL PLAN DE BATALLA

Los Aliados llevaban mucho tiempo planeando la invasión de Normandía. Sin embargo, **pospusieron** el plan varias veces. La invasión del norte de Francia no era algo sencillo; había que coordinar diferentes ejércitos, recursos y tácticas, además del mal tiempo.

En primer lugar, los británicos trataron de expulsar a las tropas alemanas e italianas del norte de África en 1942. Después, le **dieron prioridad** a la invasión de Italia desde Sicilia en 1943. Por último, Roosevelt, Stalin y Churchill decidieron dejar la liberación de Francia y la apertura del segundo frente de batalla desde las costas de Normandía para mayo de 1944. Sin embargo, la operación se realizó el 6 de junio de 1944 a causa del mal tiempo.

El Desembarco de Normandía estuvo dirigido por el general del ejército estadounidense Eisenhower, quien recibió el ascenso a Comandante Supremo de las Fuerzas Expedicionarias aliadas poco antes de esta gran operación militar.

Como Hitler sabía cuándo iba a tener lugar la invasión de los Aliados en Francia, los alemanes comenzaron a prepararse. Así, comenzaron a colocar 50 millones de **trampas** explosivas y minas en las costas del norte de Francia. Además, fortificaron las costas francesas colocando en ella bombarderos y ametralladoras. Esta estrategia tenía dos objetivos: evitar que las tropas de los Aliados pudieran desembarcar en las costas y hundir sus barcos. De todos modos, el plan alemán nunca se llevó a cabo por problemas con los suministros y el transporte, y por falta de mano de obra.

EL DÍA D

En un primer momento, entre el 1 de abril y el 5 de junio, las fuerzas aéreas británicas y estadounidenses desplegaron 11 000 aviones de combate. Estos aviones lanzaron 195 000 toneladas de explosivos sobre las bases alemanas en Francia, y destruyeron pistas de **aterrizaje**, radares y bases militares situadas en las costas francesas.

Estos ataques aéreos no solo servían para destruir instalaciones militares alemanas, sino también para **confundir** a su ejército. Más de la mitad de las bombas se lanzaron lejos de Normandía para hacer creer a los alemanes que el desembarco se haría en otro lugar. Por eso, Hitler creía que el ataque iba a ocurrir en Pas-de-Calais, y no en Normandía.

En el Día D solo tomaron parte un **reducido** número de tropas a pie, aéreas y blindadas; más concretamente, cinco divisiones de infantería transportadas por mar, de las cuales dos eran de Estados Unidos, dos de Gran Bretaña y una de Canadá. También participaron dos divisiones de las fuerzas aéreas estadounidenses y una división blindada especial. Estos primeros grupos de combate permitieron el desembarco de 6800 soldados y la utilización de hasta 13 000 aviones de combate para ayudar desde el aire durante los días siguientes.

El desembarco fue todo un éxito, pero los alemanes se defendieron bien. Por eso, durante junio y julio de 1944, las fuerzas Aliadas y las fuerzas del Eje lucharon en las costas francesas.

Los alemanes atacaron **eficazmente** y parecía que iban a ganar la batalla. Sin embargo, las cosas cambiaron cuando Hitler ordenó que reemplazaran al **alto mando** por **desconfiar** de su **lealtad**. A causa de ese cambio, las tropas alemanas no tuvieron un líder durante un tiempo, lo que afectó a sus ataques.

Las tropas aliadas aprovecharon al máximo esta crisis del alto mando alemán. Unas semanas después del Día D, los Aliados ya habían desembarcado 326 000 soldados con tanques y camiones pesados. Al terminar toda la operación, había más de tres millones de soldados en Normandía.

CONSECUENCIAS DE LA BATALLA

Gracias al Día D, los Aliados recuperaron en unas cuantas semanas casi todo el norte de Francia. Las tropas aliadas tomaron París, la capital de Francia, el 25 de agosto de 1944.

Además, los Aliados consiguieron destruir las instalaciones desde donde se lanzaban los misiles alemanes V1 y V2 que destruyeron gran parte del territorio inglés durante la Batalla de Inglaterra. Por último, la **reconquista** de Francia permitió retomar el control de Bruselas y Amberes, en Bélgica.

Vocabulario

retomar to retake, to regain
en cuestión de in a matter of
reabrir to reopen
posponer to postpone, to put off
dar prioridad to give priority
trampa trap
aterrizaje landing
confundir to confuse, to fool
reducido smaller, reduced
eficazmente efficiently
alto mando high command
desconfiar to mistrust
lealtad loyalty
reconquista reconquest

3.10. ¿QUÉ OCURRIÓ EN HIROSHIMA Y NAGASAKI?

- *Tras el Día D, la batalla en Europa parecía ganada pero Japón aún no se rendía.*

- *Para hacer la guerra más corta, Estados Unidos decide lanzar por primera vez una bomba nuclear sobre Hiroshima el 6 de agosto de 1945.*

- *Tres días después, Estados Unidos lanza otra bomba nuclear en Nagasaki.*

- *Debido al gran poder destructivo de estas dos bombas nucleares, Japón se rindió incondicionalmente el 2 de septiembre de 1945.*

Como ya hemos mencionado, la Segunda Guerra Mundial tuvo un frente en el Océano Pacífico. Allí, los Aliados combatieron contra las tropas japonesas.

Desde 1943, Gran Bretaña y Estados Unidos aumentaron los ataques contra Japón. El ejército de este país invadió varios territorios del Pacífico. Los Aliados empezaron a recuperarlos **uno a uno**, en un proceso que se conoce hoy como "la estrategia de los saltos de rana". Los Estados Unidos avanzaron desde los archipiélagos del Pacífico central hasta las costas japonesas.

Hubo varias batallas en diferentes islas del Pacifico durante esta reconquista. Algunas de las más importantes fueron la Batalla de Tarawa, la de Eniwetok, la de Kwajalein, la de Iwo Jima, y la de Okinawa. En todas estas batallas, las fuerzas navales estadounidenses lucharon **principalmente** en las costas de las islas.

Aunque las tropas japonesas no tenían suficientes municiones o alimentos, combatían intensamente. Los soldados japoneses seguían los **principios** espirituales de los samuráis. Por eso, preferían morir con honor en el combate a huir y vivir con vergüenza.

Por esta razón, los pilotos japoneses realizaban ataques *kamikazes*. Estos eran ataques suicidas donde los pilotos **estrellaban** sus aviones contra las naves enemigas. Al principio de la guerra, este tipo de ataques fueron diseñados para los aviones que estaban dañados. Sin embargo, cuando Japón estaba perdiendo la guerra, ordenaron que los pilotos dieran sus vidas por la victoria. Así se aseguraban de que los aviones dieran exactamente en el **blanco**. Muchos soldados japoneses murieron por esta causa, la mayoría pilotos recién reclutados.

LOS ATAQUES A HIROSHIMA Y NAGASAKI

Estados Unidos empezó a bombardear las islas de Japón durante la primavera y el verano de 1945. En una primera fase, se bombardeaban equipos militares. Después, en una segunda fase, se lanzaban bombas hacia poblaciones civiles.

Estados Unidos bombardeó sobre todo Tokio, la capital

de Japón, pero también otras ciudades importantes. Se enviaron 17 500 bombarderos y se lanzaron 160 000 toneladas de bombas. Fallecieron hasta 350 000 personas y se destruyeron 2 millones de casas.

Truman, el presidente de los Estados Unidos a finales de la Segunda Guerra Mundial, decidió utilizar la **recién** inventada bomba atómica. Con esto quería obligar a los japoneses a rendirse rápidamente y evitar más muertes estadounidenses.

El 6 de agosto de 1945, a las 8:15 de la mañana estalló una bomba atómica en la ciudad de Hiroshima. El centro de la ciudad quedó totalmente destruido y murieron 160 000 personas al instante. Tres días después, Estados Unidos lanzó una segunda bomba nuclear en la ciudad de Nagasaki. Como esta cayó a las **afueras** de la ciudad, murieron menos personas en comparación con Hiroshima. Fallecieron al instante 70 000 personas.

LAS CONSECUENCIAS DE LOS ATAQUES EN JAPÓN

Las **secuelas** de la radiación **provocaron** que miles de personas sufrieran enfermedades muchos años después del lanzamiento de las bombas. Incluso los hijos y nietos de estas víctimas tuvieron secuelas.

Debido a estas grandes pérdidas, el 15 de agosto de 1945 el emperador de Japón comunicó a su pueblo que la guerra había terminado. El 2 de septiembre, los japoneses se rindieron formalmente en la bahía de Tokio. Así fue cómo Japón renunció a sus ideas de conquistar Asia y aceptó la Declaración de Potsdam.

La Declaración de Potsdam obligaba a Japón a:

1. **Destituir** a las autoridades japonesas que llevaron a la isla a la guerra.

2. Aceptar la ocupación militar estadounidense del país para garantizar la paz en la región.

3. Desarmar totalmente al ejército japonés y prohibir las armas en la isla.

4. Llevar a juicio a los criminales de guerra.

5. Comenzar la reconstrucción económica e industrial de Japón.

¿Sabías que...?

Las autoridades japonesas crearon películas, revistas y cómics para fomentar la maternidad. A diferencia de los rusos, estadounidenses y británicos, los japoneses no reclutaron a mujeres en el ejército. En cambio, promovían la fecundidad de la población para que nacieran más japoneses. Una de las frases más usadas en estas campañas fue "Crezcan y Multiplíquense".

Vocabulario

uno a uno one by one
principalmente mainly
principio value, principle
estrellar to smash
blanco target
recién shortly before, just
afueras outskirts
secuela sequel
provocar to cause
destituir to dismiss
fomentar to encourage, to foster
promover to encourage, to foster
fecundidad fertility

3.11. ¿QUÉ SUCEDIÓ CON LOS JUDÍOS DURANTE LA SEGUNDA GUERRA MUNDIAL?

- *El Holocausto fue la palabra para dar a conocer el asesinato planificado de millones de judíos europeos durante la Segunda Guerra Mundial.*

- *El ejército nazi fue el que llevó a cabo este plan.*

- *Las principales causas fueron el odio hacia los judíos, que creían que amenazaban al pueblo alemán, y la búsqueda de la supremacía alemana en toda Europa.*

Oswiecim, Poland; Photo by Frederick Wallace on Unsplash

Durante la Segunda Guerra Mundial, el gobierno de Hitler comenzó a perseguir a los judíos, tanto en Alemania como en los países conquistados. Miles de judíos fallecieron en los campos de exterminio nazi.

LOS CAMPOS DE EXTERMINIO

Estos campos de exterminio fueron lugares donde se encerraba y asesinaba a los judíos. También se persiguió, encerró y asesinó a otros grupos: **gitanos**, eslavos, personas con **discapacidades**, comunistas, socialistas, testigos de Jehová y homosexuales.

Mientras se desarrollaba la guerra, los Aliados no sabían de la existencia de los campos de exterminio. Los primeros en descubrir los campos de exterminio fueron las tropas soviéticas en julio de 1944. El primer campo de exterminio que descubrieron fue uno de los más grandes: el de Majdanek, cerca de Lublin, en Polonia.

En Majdanek, los rusos encontraron cientos de **cadáveres** y siete **cámaras de gas**. Más tarde se supo que allí asesinaron a 1,5 millones de personas, en su mayoría judíos. También había prisioneros de guerra rusos y polacos entre los muertos. El campo de Majdanek fue solo uno de los más de 20 campos de exterminio nazis construidos en los territorios invadidos.

Las tropas soviéticas también liberaron a los prisioneros del campo de exterminio de Auschwitz. Esto ocurrió el 27 de enero de 1945. En Auschwitz encontraron a cientos de prisioneros enfermos y agotados por la hambruna y el trabajo forzado. También encontraron la ropa de otras víctimas: más de 300 000 trajes de hombre, más de 800 000 abrigos de mujer y **decenas de miles** de pares de zapatos.

Más tarde, en abril de 1945, las tropas estadounidenses y británicas liberaron otros campos de exterminio.

El 11 de abril de 1945, las fuerzas de Estados Unidos liberaron el campo de Buchenwald, cerca de Weimar (Alemania), donde rescataron a 20 000 prisioneros. Por otra parte, el 15 de abril de 1945 las fuerzas de Gran Bretaña liberaron el campo de Bergen-Belsen, cerca de Celle, en Alemania. Allí rescataron a aproximadamente 60 000 prisioneros, la mayoría muy enfermos de **tifus**. Lamentablemente, muchas de las personas liberadas fallecieron poco después.

¿POR QUÉ LOS NAZIS CONSTRUYERON CAMPOS DE EXTERMINIO?

Los campos de concentración eran una parte muy importante del plan nazi. Durante su mandato, estos campos de exterminio fueron construidos para llevar a cabo "La Solución Final". Usando estos campos el objetivo de los Nazis fue darle una solución a la "amenaza judía" de Alemania y Europa.

Durante la invasión, Alemania instaló también muchos guetos, campos de tránsito y campos de trabajo forzado para judíos y otras **minorías étnicas** en Polonia y Rusia. Entre 1941 y 1944, deportaron a millones de judíos a los campos de exterminio, donde los asesinaban **disparándoles,** quemándolos vivos o encerrándolos en cámaras de gas.

Los historiadores de esta época tienen varias interpretaciones sobre el exterminio de los judíos llevado a cabo por los alemanes. Existen dos grandes grupos de historiadores:

1. **Los que responsabilizan a Hitler**: este grupo considera a Hitler como el principal culpable y responsable del Holocausto, ya que fue Hitler quien fomentó las ideas antijudías entre el pueblo alemán.

2. **Los que entienden el Holocausto como la consecuencia de muchos factores:** A diferencia del grupo anterior, hay historiadores que no consideran a Hitler como la mente maestra tras el Holocausto. Estos expertos piensan que Hitler simplemente aprovechó una situación que ya existía en Alemania cuando llegó al poder. Así, opinan que la mayoría del pueblo alemán de aquella época tenía creencias antisemitas que durante el Nazismo se hicieron más intensas.

Actualmente, la mayoría de los historiadores considera que las causas del Holocausto son una combinación de ambos **puntos de vista.** Las ideas antisemitas de Adolf Hitler y de la mayoría del pueblo alemán apoyaron la exclusión y persecución de los judíos durante la Segunda Guerra Mundial. Una gran parte de la población no sabía del plan de asesinato masivo de judíos en los campos de exterminio.

Es importante recordar que muchos alemanes ayudaron a los judíos a ocultarse o escapar de los nazis. Algunos ciudadanos de otros países ocupados, como Polonia y Rusia, también **echaron una mano** a los judíos **fugitivos.**

LAS CONSECUENCIAS DEL HOLOCAUSTO

Durante toda la Segunda Guerra Mundial fueron asesinados 6 millones de judíos y cientos de miles de no judíos. Mataron a muchos de estos en campos de exterminio o en sus propias casas. Además, los alemanes nazis organizaron un programa de eutanasia donde murieron unas 70 000 personas con **supuestas** discapacidades físicas o enfermedades mentales.

Después del Holocausto, muchos de los supervivientes se trasladaron a campos de personas desplazadas administrados por los ejércitos Aliados. Entre 1948 y 1951, muchos judíos desplazados emigraron a Israel y a Estados Unidos. Los asesinatos de la Alemania Nazi eliminaron casi por completo las comunidades judías de Alemania y Polonia.

¿Sabías que…?

La película "The Pianist" muestra la historia del músico polaco, Władysław Szpilman, sobre sus experiencias durante la Segunda Guerra Mundial, y como sobrevivió al holocausto gracias a la ayuda de un oficial alemán.

Vocabulario

gitanos gypsies
discapacidad disability
cadáver corpse
cámara de gas gas chamber
decenas de miles tens of thousands
tifus typhus
minoría étnica ethnic minority
disparar to shoot
punto de vista perspective
echar una mano to give someone a hand
fugitivo fugitive, runaway
supuesto alleged
superviviente survivor
comunidad community

4. LA SEGUNDA GUERRA MUNDIAL E IBEROAMÉRICA

A pesar de que los combates en la Segunda Guerra Mundial sucedieron principalmente en Europa y el Pacífico, los países latinoamericanos también participaron en el conflicto.

En 1939, muchos países iberoamericanos firmaron la Declaración de Panamá. Con este tratado, los países firmantes se declaraban neutrales en los conflictos **bélicos** que estaban **teniendo lugar** en Europa y el Pacífico. Sin embargo, cuando Estados Unidos le declaró la guerra a Japón, Alemania e Italia, **presionó** a muchos países de Iberoamérica a declararse enemigos del Eje.

Aun así, no todas las naciones iberoamericanas le declararon la guerra al Eje directamente. La mayoría de países solo ayudaban a los Aliados enviándoles armas y alimentos.

Brasil y México fueron los dos únicos países de Iberoamérica que enviaron soldados al frente de batalla. Brasil envió más de 25 000 personas como parte de la Fuerza Expedicionaria Brasileña para apoyar a las fuerzas aliadas para recuperar Italia. Por otra parte, México envió una división de 300 soldados aéreos que apoyaron a los Aliados en la guerra del Pacífico.

Venezuela fue el principal **proveedor** de petróleo de los Estados Unidos. Durante la guerra, el petróleo era **imprescindible** para hacer funcionar los vehículos terrestres, aéreos y marítimos de las fuerzas de los Aliados. Por su parte, Argentina se declaró neutral durante casi toda la Segunda Guerra Mundial hasta que entró a combatir contra el Eje casi al final del conflicto.

Asimismo, España sufrió una sangrienta Guerra Civil poco antes del comienzo de la Segunda Guerra Mundial. Al final de ella, el fascismo logró hacerse con el poder. Por todas estas razones y por otras muchas, España hizo un papel importante al principio de la Segunda Guerra Mundial.

En este capítulo trataremos **en profundidad** la contribución de los países iberoamericanos en el conflicto.

Vocabulario

bélico war, military adj.
tener lugar to take place
presionar to pressure
aun así however, in spite of it
proveedor purveyor, supplier
imprescindible essential, unavoidable
en profundidad in depth

4.1. ¿CÓMO AFECTÓ LA GUERRA CIVIL ESPAÑOLA A LA SEGUNDA GUERRA MUNDIAL?

- *La Guerra Civil Española ocurrió entre 1936 y 1939.*
- *En este conflicto se enfrentaron los nacionalistas y los republicanos. También participaron ejércitos extranjeros apoyando a uno u otro bando.*
- *Al final de la guerra ganaron los nacionalistas, liderados por el general Francisco Franco.*

La Guerra Civil Española fue uno de los conflictos bélicos más importantes del siglo XX. Aunque tuvo lugar en España, su desarrollo influyó en el inicio de la Segunda Guerra Mundial.

En la Guerra Civil Española se enfrentaron dos bandos: los fascistas o nacionales, y los comunistas/socialistas o republicanos.

CAUSAS DE LA GUERRA CIVIL

Este conflicto comenzó por varios **motivos**. Una de las causas principales fue el **descontento** del pueblo con las políticas económicas de la república instaurada en 1931. El objetivo de estas reformas era **paliar** las consecuencias de la depresión económica mundial de 1929, pero no tuvieron el efecto deseado. En las primeras décadas del siglo XX, los precios de los productos **agrícolas** en España cayeron muchísimo, el desempleo aumentó y la producción de hierro y acero bajó casi hasta la mitad.

Sin embargo, la Guerra Civil estalló pocos días después del asesinato de Calvo Sotelo, un líder político de tendencias conservadoras y **monárquicas**. Desde un principio, la República Española no pudo resolver los conflictos de España. La muerte de Calvo Sotelo fue la chispa que desató la guerra. Ante esta **pérdida**, los partidos de derecha se unieron para planear un **golpe de estado** y establecer un gobierno similar al de Mussolini en Italia o al de Hitler en Alemania. En ese momento, seguir el ejemplo de Italia y Alemania era una forma de mantener el orden nacional en España.

Para instaurar la dictadura, los militares organizaron un golpe en 1936 que se inició en Pamplona (una ciudad del norte de España) y en las Islas Canarias. Las tropas rebeldes llegaron a España atravesando Marruecos y se extendieron rápidamente por toda España.

EL CONFLICTO

Los dos bandos enfrentados eran los nacionalistas y los republicanos. El general Francisco Franco comandaba al ejército nacionalista.

Los nacionalistas tenían ideas fascistas, conservadoras y monárquicas. Recibieron apoyo de Alemania, Portugal e Italia, que enviaron tropas al territorio español. Alemania envió 15 000 soldados para entrenar a los soldados fascistas españoles. También les enviaron armas: **cañones,** carros de combate y bombarderos. Italia envió 50 000 soldados y 763 aviones; y Portugal envió 20 000 soldados.

El otro bando eran los republicanos. Este grupo defendía la Republica instaurada en 1931. El bando republicano **contaba con** grupos socialistas, comunistas, anarquistas y algunos liberales de izquierda. Su ejército recibió el apoyo de Rusia y de las Brigadas Internacionales, unas tropas de extranjeros de varias nacionalidades que participaban **por voluntad propia**. Rusia envió 500 soldados, 200 carros de combate y 4000 camiones. Además, 40 000 voluntarios de otros países se alistaron a las Brigadas Internacionales y lucharon en el bando de la República.

A finales de julio de 1936, el territorio español estaba dividido en dos. Los nacionalistas controlaban casi todo el norte y la zona sur, que eran zonas agrícolas. Mientras tanto, los republicanos tenían el control de las grandes ciudades (Barcelona, Madrid y Valencia) y de las regiones que las rodean. En estas ciudades se encontraban las instituciones económicas y políticas más importantes del país.

La guerra civil fue una lucha sangrienta hasta que las tropas nacionalistas tomaron Madrid en marzo de 1939. A partir de ese momento, Francisco Franco pasó a dirigir una dictadura militar en España.

¿POR QUÉ GANARON LOS NACIONALISTAS?

El triunfo de los nacionalistas en España se debió a varios motivos:

1. Franco logró juntar a todos los grupos de derecha (ejército, Iglesia, monarquía y el partido fascista, conocido como la Falange) en un frente unido contra los republicanos.

2. Los republicanos no estaban unidos y tenían conflictos internos. Además, muchos de sus miembros no tenían ningún entrenamiento militar, lo que redujo la eficacia de los ataques republicanos.

3. Los nacionalistas recibieron más ayuda internacional. Alemania, Italia y Portugal ayudaron a los soldados nacionalistas españoles con armas, aviones, tanques y comida.

Cuando Franco llegó al poder, instauró un gobierno fascista y dictatorial. El franquismo estaba **caracterizado** por la represión, los tribunales militares y las ejecuciones **en masa** de sus opositores políticos. Franco gobernó España hasta su muerte, en 1975.

La Guerra Civil Española influyó en el inicio de la Segunda Guerra Mundial. El conflicto de España funcionó como un **campo de pruebas** para los alemanes, que se estaban preparando para un conflicto europeo.

Además, muchos españoles participaron en la Segunda Guerra Mundial. Por una parte, el gobierno de Franco apoyó a Hitler enviando las tropas de la División Azul y un grupo de 146 enfermeras a los frentes de batalla de la Unión Soviética.

Por otra parte, muchos republicanos españoles exiliados en Francia se unieron a la Resistencia y lucharon contra la ocupación alemana. La Novena Compañía Blindada, conocida como "La Nueve", tuvo un papel muy importante en la liberación de París. Esta compañía estaba completamente formada por soldados españoles. Hoy en día tiene una calle y un parque en su honor en la capital francesa.

¿Sabías que...?

1. Uno de los elementos más importantes de la participación alemana en España fue la prueba de bombas. Para ello, Franco autorizó a los alemanes a bombardear a la población civil de Guernica, un pueblo del norte de España, en mayo de 1937.

2. Valencia fue la capital de España desde el 6 de noviembre de 1936 hasta el 17 de mayo de 1937. El Gobierno de la República se trasladó a esta ciudad para seguir gobernando sin miedo a los ataques del ejército franquista. Más tarde, el 31 de octubre de 1937, Barcelona pasó a ser la capital del país.

Vocabulario

motivo reason
descontento unrest, discontent
paliar to alleviate, to mitigate
agrícola farming, agricultural
monárquico monarchic
pérdida loss
golpe de estado coup d'etat
cañones cannons
contar con to count on, to lean on
por voluntad propia by their own initiative
caracterizado characterised
en masa in a large group, in mass
campo de pruebas testing ground, proving ground
autorizar to authorise

4.2. ¿CUÁL FUE EL PAPEL DEL PETRÓLEO VENEZOLANO EN LA SEGUNDA GUERRA

- *Venezuela exportó una gran cantidad de materias primas a los países aliados durante la Segunda Guerra Mundial.*

- *Gran parte del petróleo que necesitaba el ejército estadounidense procedía de Venezuela.*

- *Su comercio con otros países la ayudó a convertirse en una de las potencias industriales de Iberoamérica.*

Aunque Venezuela no participó directamente en la Segunda Guerra Mundial, el país envió **materias primas** esenciales para **equipar** a las fuerzas Aliadas.

Desde los años 30 del siglo XX, Venezuela pasó de ser un país agricultor a un país petrolero, y se transformó en el mayor productor y exportador de petróleo del mundo en poco tiempo. Su principal comprador era Estados Unidos, quienes tenían una alta demanda de petróleo.

La necesidad de petróleo de los Estados Unidos se hizo más intensa cuando este país le declaró la guerra al Eje y empezó a enviar tropas a Europa y al Pacífico. Desde el principio de la Segunda Guerra Mundial, Venezuela tenía mayor afinidad política con los países Aliados, principalmente con los Estados Unidos.

EL PETRÓLEO DURANTE LA GUERRA

En 1942, varios submarinos de la Alemania nazi destruyeron dos **petroleros** venezolanos que iban con la carga llena. Los barcos **se dirigían a** las islas de Aruba y Curazao para transformar el petróleo en gasolina y utilizarlo en la guerra. Este ataque hizo que Venezuela y Estados Unidos reforzaran sus defensas.

Tras el ataque, el presidente venezolano Isaías Medina Angarita firmó un tratado con el Departamento de Estado estadounidense que aseguraba el envío de petróleo a los países Aliados durante la guerra. Este tratado también incluía la instalación de tropas de la Marina estadounidense en las costas venezolanas.

Además, el tratado le daba a Venezuela un **préstamo** de 15 millones de dólares para **modernizar** su ejército. Con este dinero, Venezuela compró aviones y barcos para defender su territorio. Del mismo modo, el ejército estadounidense envió instructores militares para entrenar y ordenar las Fuerzas Armadas de Venezuela. Por esta razón, el ejército venezolano **adoptó** una estructura muy similar a la del estadounidense.

Las tropas de los Estados Unidos ayudaron a defender los petroleros que salían de Venezuela. Hacia finales de 1943, los Aliados habían destruido 21 submarinos alemanes gracias a la tecnología del sonar, que hacía más fácil localizarlos. Sin embargo, los alemanes destruyeron 586 barcos aliados, que contenían un total de 3 millones de barriles de petróleo.

Venezuela y Estados Unidos se ayudaron **mutuamente** durante toda la Segunda Guerra Mundial. Mientras Estados Unidos y los otros países Aliados **se beneficiaron** del petróleo venezolano, Venezuela logró mejorar su economía.

¿Sabías que...?

Los Aliados necesitaban aproximadamente 3 millones de litros de combustible al día para hacer funcionar sus ejércitos motorizados, sus aviones y sus barcos de guerra y de carga.

Vocabulario

papel role
materia prima raw material
equipar to equip
petrolero oil tanker
dirigirse a to be headed for
préstamo loan
modernizar to update, to modernize
adoptar to adopt, to take
mutuamente each other
beneficiarse de to benefit from

4.3. ¿QUIÉNES FUERON LAS FUERZAS EXPEDICIONARIAS BRASILEÑAS?

- *Brasil fue el único país iberoamericano que envió tropas terrestres al frente de batalla durante la Segunda Guerra Mundial.*

- *Este país también ayudó a las tropas estadounidenses y británicas en la invasión a Italia.*

Brasil fue el país iberoamericano que **brindó más apoyo** a las fuerzas de los Aliados. Dentro del territorio de Brasil estaban las bases navales y aéreas más grandes de Estados Unidos en el continente sudamericano.

Además, Brasil fue el único país iberoamericano que envió soldados de infantería al frente de batalla. Estas tropas se llamaban "Fuerzas Expedicionarias Brasileñas" y estaban **a las órdenes del** ejército estadounidense.

BRASIL EN LA SEGUNDA GUERRA MUNDIAL

Durante la presidencia de Getulio Vargas, Brasil se mantuvo aislado del conflicto. Después de la Conferencia de Rio de Janeiro en 1942, Brasil **rompió relaciones** diplomáticas con los países del Eje. Ocho meses después, le declaró la guerra a Italia y Alemania. Desde 1942 hasta 1945, Brasil contribuyó a la lucha contra las fuerzas del Eje con los soldados, armas y bases navales y aéreas que tenía en su territorio.

El 2 de julio de 1944, la primera parte de las Fuerzas Expedicionarias Brasileñas salió de Rio de Janeiro. Estas tropas contaban con 5000 soldados y se incorporaron al Quinto Ejército estadounidense, a las órdenes del general Mark Clark.

Durante los últimos años de la Segunda Guerra Mundial, Brasil envió a 25 334 de sus ciudadanos a brindar apoyo al ejército de Estados Unidos y derrotar a los nazis en Europa.

Las Fuerza Expedicionarias Brasileñas participaron en varias misiones en el norte de Italia, para invadir el país y derrocar a Mussolini. Los soldados brasileños dependían del ejército estadounidense para movilizarse, equiparse y alimentarse. Por esta razón, los países europeos no esperaban que fueran efectivos en combate. Sin embargo, las fuerzas expedicionarias triunfaron en sus enfrentamientos contra las tropas italianas y alemanas en varios **valles** y montañas del norte de Italia.

Los soldados brasileños fueron muy efectivos en combate a pesar de que sufrieron varios ataques de artillería, **padecieron** enfermedades y se tuvieron que adaptar al tiempo **invernal** de Europa. Durante la Segunda Guerra Mundial, Brasil perdió casi 2000 soldados, 31 **barcos mercantes**, 3 barcos de guerra y 22 aviones de combate.

¿POR QUÉ PARTICIPÓ BRASIL EN LA GUERRA?

En un principio, Brasil se mantuvo neutral en el conflicto. Pero Getulio Vargas decidió participar activamente en la Segunda Guerra Mundial por varias razones. La más importante fue para crear una alianza fuerte con los Estados Unidos. Con esta alianza, Getulio Vargas quería **darles fuerza** a sus sectores industrial y militar. Gracias a Estados Unidos, Brasil logró modernizar en pocos años su ejército, ofreciendo entrenamiento especializado a sus tropas y comprando armamento y vehículos nuevos.

Las Fuerzas Expedicionarias fueron muy importantes para el pueblo brasileño. **Actualmente,** cada primer domingo de octubre se celebra el **cambio de guardia** frente al Monumento a los Muertos de la Segunda Guerra Mundial de Rio de Janeiro. Este monumento se construyó en los años 60, y conmemora la participación de los soldados y civiles brasileños en la Segunda Guerra Mundial. Debajo del monumento se **enterraron en su día** a 457 miembros de las Fuerzas Expedicionarias Brasileras.

¿Sabías que...?

Brasil también envió mujeres al frente de batalla. Las brasileñas fueron al frente para trabajar como enfermeras y proporcionar primeros auxilios a los soldados brasileños.

Vocabulario

brindar apoyo to give support
a las órdenes de at someone's orders, commanded by
romper relaciones break off relationships
valle valley
padecer to suffer
invernal winter
barco mercante merchant ship
dar fuerza to give strenght
actualmente nowadays, currently
cambio de guardia changing of the guard
enterrar to bury
en su día at that time
primeros auxilios first aid

4.4. ¿CÓMO PARTICIPÓ MÉXICO EN LA SEGUNDA GUERRA MUNDIAL?

- *México es un país iberoamericano situado al sur de los Estados Unidos de América.*

- *Durante la Segunda Guerra Mundial, este país latinoamericano tuvo relaciones comerciales tanto con los países del Eje como con los Aliados. (Según mi investigación, el presidente Camacho se alió completamente con EE. UU.).*

- *A finales de la Segunda Guerra Mundial, México envió tropas de aviación al campo de batalla a las órdenes del ejército estadounidense.*

Al principio de la Segunda Guerra Mundial, México intentó ser lo más neutral posible. Para lograrlo, decidió no sumarse ni al bando del Eje ni al de los Aliados. Sin embargo, hacia el final de la guerra, este país envió algunas tropas para luchar **a favor de** los Aliados.

Durante la Segunda Guerra Mundial, México tuvo **relaciones estrechas** con Estados Unidos. Por eso el país obtuvo un gran beneficio económico durante el tiempo que **duró** la guerra.

ANTES DE LA GUERRA

A principios del siglo XX y antes de la guerra, México exportaba la mayoría de su petróleo a Alemania. Los alemanes le pagaban con una gran cantidad de equipamiento y materiales industriales. Sin embargo, esta situación dio un giro de 180 grados al estallar la guerra.

Cuando empezó el conflicto armado, Alemania dejó de enviar productos industriales a México, y el envío de petróleo de México a Alemania **se paralizó**. Esta situación sucedió porque Alemania se concentró en la guerra, y no en mantener sus relaciones comerciales anteriores al conflicto.

MÉXICO EN LA SEGUNDA GUERRA MUNDIAL

Hasta 1941, México era un país que exportaba petróleo hacia los países europeos. El presidente Cárdenas había creado una petrolera nacional que lo exportaba. Durante la guerra, México se benefició mucho gracias a la venta de petróleo, principalmente a Estados Unidos, y había **dejado de lado** a Alemania. Por eso, el gobierno mexicano estaba preparado para empezar una relación comercial más fuerte con los EE. UU., **una vez que** ganara la guerra.

Después de 1941, Estados Unidos y Gran Bretaña recuperaron los territorios perdidos a partir de 1943. Hacia el final de la Segunda Guerra Mundial, México se había convertido en un aliado de los Estados Unidos.

Después del ataque a Pearl Harbor, los Estados Unidos entraron en la Segunda Guerra Mundial y obligaron a varios países latinoamericanos a cortar relaciones con Alemania e Italia. Uno de esos países fue México, ya que Estados Unidos había firmado un acuerdo para defender las costas mexicanas de la amenaza nazi.

Por eso, México instaló tres estaciones de radar con personal norteamericano en sus costas. Además, el ejército mexicano comenzó a modernizarse **mediante** la compra de nuevas armas, aviones y barcos.

Durante la guerra, Estados Unidos le dio a México un préstamo de 18 millones para comprar armamento. Asimismo, se inició un **programa de formación** de las tropas mexicanas para que estuvieran preparadas para su posible participación en la guerra.

En 1945, México envió tropas mexicanas al frente de batalla con un **escuadrón** aéreo de 300 miembros. Este escuadrón, llamado Escuadrón 201, **estaba bajo el mando** del ejército estadounidense, por lo que tenían que obedecer las órdenes de Estados Unidos.

Tras 7 meses de entrenamiento, el Escuadrón 201 entró en combate entre junio y julio de 1945. Su misión principal fue apoyar el avance de las tropas terrestres estadounidenses en Manila, Luzón, Formosa y la isla de Mikado. Ese año, el escuadrón mexicano realizó varias operaciones de bombardeo en todas estas regiones. Además, ayudaron a los norteamericanos a eliminar a los japoneses rebeldes que se negaban a rendirse tras el alto el fuego oficial.

Vocabulario

a favor for (someone/something)
relaciones estrechas a strong relationship
durar to take place, to last
paralizarse to stop, to be interrupted
dejar de lado to leave, to abandon
una vez que once, as soon as
mediante by, with, by means of
programa de formación training
escuadrón squadron
estar bajo el mando de to be under the command of
insignia emblem, badge

4.5. ¿CUÁL FUE EL ROL DE ARGENTINA DURANTE LA SEGUNDA GUERRA MUNDIAL?

- *Argentina fue un país neutral durante casi toda la guerra, por lo que no estaba ni con el bando de los Aliados ni con las fuerzas del Eje.*

- *Esta neutralidad se rompió el último año de la Segunda Guerra Mundial, cuando declararon la guerra a Alemania y Japón.*

Tres días después del comienzo de la Segunda Guerra Mundial, el gobierno argentino se declaró neutral. Durante la Primera Guerra Mundial y la Guerra Civil Española, Argentina también adoptó una posición neutral. Esto significa que el país no apoyó a ninguno de los bandos en conflicto.

LA POLÍTICA DE NEUTRALIDAD

Como consecuencia de su neutralidad, Argentina tuvo que seguir tres normas:

1. No reunirse con ningún país europeo para **debatir** o tomar decisiones sobre temas humanitarios o culturales.

2. No **comprometerse con** ningún plan militar o estratégico con países en conflicto durante la guerra.

3. No apoyar la unión entre los países del continente americano que promovían los Estados Unidos.

Argentina se declaró neutral porque quería obtener beneficios económicos durante la Segunda Guerra Mundial. Para ello, Argentina aumentó sus exportaciones de **lácteos**, cereales y carne, aprovechando su alta demanda y la subida de los precios de estos productos en todo el mundo. Por eso, el país buscaba las mejores **oportunidades de negocio** con los países que participaban en la guerra y se preparaba para ser el aliado económico del bando ganador.

ARGENTINA DURANTE LA GUERRA

Cuando estalló la Segunda Guerra Mundial, Argentina tenía muy buenas relaciones con Gran Bretaña, ya que era su principal importador de materias primas. También, Alemania trató de animar a Argentina a adoptar una política que beneficiara a los intereses alemanes en Latinoamérica.

Desde antes de la Segunda Guerra Mundial, dentro del gobierno argentino, principalmente dentro del ejército, había **seguidores** de los gobiernos del Eje. Estas dos razones son la base de la teoría actual de que el gobierno argentino de esa época apoyaba a los intereses nazis.

Sin embargo, Argentina estuvo en mayor contacto

económico y político con los Aliados durante la Segunda Guerra Mundial. Mientras duró el conflicto, el país aumentó sus ganancias económicas gracias al comercio con los Aliados, y sobre todo con Gran Bretaña. A este último le vendía grandes cantidades de materias primas y de alimentos.

EL CONFLICTO MARÍTIMO

A pesar de que la Segunda Guerra Mundial se desarrolló principalmente en Europa y la región de Asia-Pacífico, también se **dejó sentir** en aguas argentinas.

El 13 de diciembre de 1939, los barcos de guerra británicos *Achilles*, *Exeter* y *Ajax* destruyeron el **acorazado** alemán *Graf Spee*. Además, una gran cantidad de submarinos alemanes, británicos y estadounidenses navegaron por aguas argentinas durante toda la Segunda Guerra Mundial. Por otra parte, los barcos mercantes argentinos también resultaron afectados por el conflicto armado. Por ejemplo, el 27 de mayo de 1940, varios submarinos alemanes hundieron el barco *Uruguay*, que llevaba cereales a Bélgica.

Después de que Estados Unidos entrara activamente en la Segunda Guerra Mundial, los países de América comenzaron a unirse para ir en contra de las fuerzas del Eje. Estados Unidos puso en marcha este plan, pero Argentina no quiso participar en él.

El gobierno argentino no estaba de acuerdo con la

obligación de romper relaciones diplomáticas con Japón, Alemania e Italia. Sin embargo, Argentina tuvo que declararle la guerra a Japón y Alemania para **conservar** sus relaciones económicas con Estados Unidos. Esta declaración de guerra tuvo lugar casi al finalizar la Segunda Guerra Mundial: exactamente, el 27 de marzo de 1945.

¿Sabías que...?

Tras el fin de la guerra, muchos fugitivos nazis huyeron a Argentina para escapar de Europa, donde les perseguían. Las fuerzas israelíes atraparon a algunos de ellos, pero muchos llegaron a Argentina y vivieron allí en libertad.

Del mismo modo, muchos judíos huyeron a Argentina antes y durante la guerra para escapar de la persecución nazi y del Holocausto. De hecho, Argentina fue el país iberoamericano que más judíos acogió durante este período. Esta es una de las razones por las que hoy Argentina tiene una de las comunidades judías más grandes del mundo.

Vocabulario

debatir to debate, to discuss
comprometerse con to commit oneself
lácteo dairy product
oportunidad de negocio business opportunity
seguidores followers
marítimo sea, maritime
dejarse sentir make oneself felt, make others aware of oneself
acorazado battleship
conservar to preserve, to keep

5. LAS OTRAS CARAS DE LA GUERRA

Los soldados no fueron **los únicos** que participaron en la Segunda Guerra Mundial. Las mujeres y hombres de cada país participaron directa e indirectamente en el conflicto. Muchos de ellos fueron combatientes, otros fueron simples víctimas o supervivientes. En la siguiente sección veremos cómo participaron algunas **minorías** en el conflicto más grande de la historia de la humanidad.

Los niños también vivieron los horrores de la Segunda Guerra Mundial en primera persona. Se asesinó e hirió a muchos de ellos, sin importar su edad. Otros tuvieron que abandonar sus hogares y separarse de sus padres. Además, en varias ocasiones se los entrenó para usarlos como soldados.

Por otra parte, a pesar de que a veces no se les da el suficiente **reconocimiento**, las mujeres también participaron en la Segunda Guerra Mundial. No solo trabajaron como auxiliares de los soldados varones, sino también combatieron en el frente. Además, muchas de ellas ocuparon muchos más puestos de trabajo cuando los hombres se marcharon al frente, sobre todo en las fábricas. A partir de la Segunda Guerra Mundial, las mujeres tuvieron mayor presencia en trabajos que antes eran **exclusivamente** masculinos. Esto inició los movimientos por la igualdad de género, el feminismo y la reivindicación del trabajo de las mujeres.

Esta lucha por la igualdad sigue hasta nuestros días. Actualmente, se busca mejorar las condiciones laborales y sociales para las mujeres de cualquier condición social y color de piel.

Los nativos americanos participaron en la guerra como soldados especiales. Sus lenguas se usaron para enviar mensajes **cifrados** y para que las fuerzas del Eje no se enteraran de los planes de los Aliados en el campo de batalla.

Los afroamericanos también tuvieron un papel importante en el ejército estadounidense. En la Segunda Guerra Mundial, los soldados blancos y negros lucharon **hombro con hombro** por primera vez en la historia. Los afroamericanos fueron pilotos, soldados de infantería, conductores de tanques, etc. Esto hizo que, después de la guerra, el ejército de los Estados Unidos pusiera en marcha un programa de **integración** racial en sus filas.

Además, vamos a ver qué trato recibieron los japoneses en el continente americano, ya que los gobiernos de los Estados Unidos y de algunos países de Latinoamérica los veían como enemigos internos. Por último, ofreceremos datos sobre cómo se trataba a los prisioneros de guerra durante la Segunda Guerra Mundial.

Vocabulario

el único the only one
minoría minority group
reconocimiento recognition
exclusivamente exclusively, only
cifrado coded
hombro con hombro side by side, together
integración integration

5.1. ¿CÓMO AFECTÓ LA GUERRA A LOS NIÑOS?

- *Los niños y niñas siempre sufren las consecuencias de una guerra con especial dureza.*

- *Durante la Segunda Guerra Mundial, los más jóvenes también fueron víctimas de los horrores de la guerra.*

- *Muchos niños vivieron asesinatos, enfrentamientos y otras situaciones graves.*

Korczak and the Ghetto's Children Statue, Yad Vashem (on depositphoto.com)

Aunque muchas veces no aparecen en la historia oficial, muchos niños y niñas sufrieron la guerra **de primera mano,** y sus consecuencias les afectaron aún más que a los adultos. En este capítulo, leeremos sobre algunos de los efectos de la guerra en la **infancia** y la juventud.

MUCHOS NIÑOS Y NIÑAS TUVIERON QUE SEPARARSE DE SUS PADRES

Antes de que estallara la Segunda Guerra Mundial, en 1938, Inglaterra abrió sus fronteras para que entraran al país 10 000 niños judíos que huían del régimen nazi. Muchos judíos de Austria, Alemania, Checoslovaquia y Polonia enviaron allí a sus hijos con la **esperanza** de que pudieran sobrevivir. Miles de esos niños y niñas nunca volvieron a ver a sus padres.

La Cruz Roja Británica envió a los niños en tren y barco a través de Holanda. Estos tenían entre 5 y 17 años de edad, y a pesar de que todos sobrevivieron a la guerra, este rescate fue doloroso para ellos. Separaron de sus padres a estos niños judíos y los **alojaron** en **albergues** y **familias de acogida**, en un país desconocido para ellos. En algunos casos, los **padres adoptivos** los trataban con crueldad.

LOS NIÑOS Y NIÑAS JUDÍOS VÍCTIMAS DEL NAZISMO

En el territorio ocupado por los nazis durante la Segunda Guerra Mundial vivían 1,6 millones de niños judíos. Al terminar la guerra, habían muerto alrededor de 1,5 millones de estos niños como víctimas del programa de exterminio nazi. Los pocos que sobrevivieron tuvieron que vivir sin padres, ni abuelos, ni **familiares.**

La **tasa de mortalidad** de los niños judíos durante la guerra era muy elevada, ya que solo sobrevivió el 11 % de los niños judíos. Su alta mortalidad se debió a que, en los campos de concentración, los nazis asesinaban primero a los niños, los ancianos y las embarazadas. En general, los judíos que sobrevivieron a los campos de concentración lo consiguieron haciendo trabajos forzados para evitar las cámaras de gas.

Por ejemplo, en Auschwitz, uno de los campos de concentración nazis más grandes, estuvieron presos 216 000 judíos menores de edad. De ellos, solo eligieron a 6700 para realizar trabajos forzados. Los demás acabaron en las cámaras de gas. Así, cuando los soviéticos liberaron Auschwitz, solo había 451 judíos menores de edad entre los 9000 prisioneros supervivientes. Otro ejemplo del impacto de la persecución nazi en los jóvenes judíos fueron los supervivientes de Polonia. Del millón de niños judíos que vivían en este país, solo sobrevivieron 5000. La mayoría de ellos lo lograron viviendo escondidos.

ENTRENAMIENTO MILITAR DE LAS JUVENTUDES HITLERIANAS

Antes y durante la Segunda Guerra Mundial, las Juventudes Hitlerianas educaron y entrenaron a los muchachos alemanes. Esta organización les enseñaba cómo debían pensar y actuar según los principios nazis. En 1935, el 60 % de los jóvenes alemanes eran miembros de las Juventudes Hitlerianas.

Los chicos entraban a la edad de 13 años y salían a los 18. Durante ese tiempo, recibían un entrenamiento militar básico y se dedicaban a trabajar para el nazismo y por Hitler **a tiempo completo.** Al cumplir los 18, pasaban al Partido Nazi, donde servían como soldados o como auxiliares hasta tener al menos 21 años.

Además, había una organización para chicas conocida como la Liga de Muchachas Alemanas. Allí entrenaban a las jóvenes desde los 14 hasta los 18 años de edad, y les daban lecciones sobre cómo realizar tareas auxiliares, ocuparse de las **labores domésticas y criar** hijos.

LOS NIÑOS DE LA GUERRA: TESTIGOS DE ACTOS DE GUERRA

Los niños que no se desplazaron, acabaron presos o lucharon como soldados también vivieron situaciones muy difíciles. Todos los niños y niñas **fueron testigos** de las **atrocidades** cometidas durante la Segunda Guerra Mundial.

Muchas de las personas que vivieron la guerra de niños tuvieron terribles secuelas. Cuando eran pequeños, tuvieron que vivir y recordar bombardeos, muertos, heridos, **suicidios,** soldados enemigos, armas, disparos, etc.

¿Sabías que...?

Durante el bombardeo a Londres de 1939, el gobierno británico puso en marcha la operación *Pied Piper*. En ella, trasladaron al campo a 1,9 millones de niños en 3 días. Estos niños venían de 6 ciudades inglesas amenazadas por las bombas aéreas alemanas.

Vocabulario

de primera mano first-hand
infancia children
esperanza hope
alojar to lodge, to accommodate
albergue lodging, accommodation
familia de acogida foster family
padre adoptivo foster parent
familiar relative
a tiempo completo full-time
labores domésticas housework, domestic work
criar to bring up
ser testigo de to witness
atrocidad atrocity
suicidio suicide

5.2. ¿CUÁL FUE EL PAPEL DE LA MUJER EN LA GUERRA?

- En general, la participación de las mujeres en las guerras no ha recibido mucho reconocimiento.

- Sin embargo, muchas mujeres participaron e incluso combatieron en varios conflictos bélicos.

- En la Segunda Guerra Mundial, la participación femenina fue mucho mayor que en ninguna otra guerra.

- Las mujeres no solo participaron dando apoyo al ejército, sino también como soldados o como miembros de la resistencia.

"Rosie the Riveter", a wartime poster produced by J. Howard Miller in 1943 for Westinghouse Electric as an inspirational image to boost female worker morale (photo on pixaby.com)

La contribución de las mujeres a la guerra se ha mencionado en la historia oficial en pocas ocasiones. Aun así, muchas mujeres participaron en los combates **en primera persona**. Además, muchas mujeres entraron al mundo laboral durante la Segunda Guerra Mundial, y esta situación continuó después de la guerra. A continuación veremos cómo participaron las mujeres en la Segunda Guerra Mundial.

PARTICIPACIÓN FEMENINA EN LA RESISTENCIA

Durante toda la guerra, las naciones europeas pusieron en marcha organizaciones secretas (pero apoyadas por el Estado) para luchar contra la amenaza alemana. Estas organizaciones trabajaron en toda Europa, principalmente en la Francia tomada por los nazis y en la Italia de Mussolini. La Dirección Británica de Operaciones Especiales y la Oficina Norteamericana de Servicios Estratégicos fueron dos de estos grupos. A estas organizaciones se les conocía como la Resistencia.

Muchas mujeres trabajaron para la Resistencia y colaboraron con ella de muchas maneras, tanto organizando planes de **sabotaje**, como espiando a soldados enemigos en los bares. Una de las labores más comunes era la de llevar mensajes y documentos de un lugar a otro. Las mujeres eran muy eficaces para llevar mensajes porque **pasaban desapercibidas** ante los soldados enemigos.

Muchas de estas mujeres de la Resistencia recibieron una **condecoración** con los máximos honores militares cuando terminó la guerra. Algunas eran espías, otras distribuían propaganda y noticias de los Aliados; pero todas estaban **comprometidas** con la derrota del nazismo en Europa.

Estas fueron algunas de las mujeres más importantes de la Segunda Guerra Mundial:

NOOR INAYAT KHAN, ESPÍA BRITÁNICA Y PRINCESA INDIA

Noor fue descendiente directa del sultán Fateh Ali Tipu, jefe del estado Karnakata de la India en el siglo XVIII. Noor nació en Moscú y estudió en la Universidad de la Sorbona, en París. Esto le permitió hablar varios idiomas con fluidez. Por su origen y educación, obtuvo un puesto en Dirección Británica de Operaciones Especiales.

Su trabajo más importante en Francia fue el de operadora de radio. Enviaba mensajes esenciales para las operaciones de los Aliados en Europa. Fue la primera mujer en ocupar este peligroso puesto de trabajo, donde tenía que moverse **constantemente** para que los enemigos no la encontraran.

Sin embargo, la Gestapo capturó, interrogó y torturó a Noor. Ella intentó escapar en varias ocasiones, pero nunca lo logró. La encerraron en prisiones de alta seguridad. En septiembre de 1944, los alemanes trasladaron a Noor al campo de concentración de Dachau, donde la asesinaron.

El gobierno británico la condecoró después de su muerte con la Medalla de San Jorge, y los franceses, con la Cruz de Guerra con una estrella de oro.

LADY MUERTE, LA FRANCOTIRADORA MÁS LETAL

Lyudmila Pavlichenko, más conocida como *Lady Muerte*, fue una de las francotiradoras con más éxito de la historia. Fue una de las mujeres soldado del Ejército Rojo, que lucharon hombro con hombro con sus compañeros masculinos. Lyudmila mató a 309 soldados **a lo largo de** la invasión nazi de la Unión Soviética. Sin embargo, una explosión la dejó **malherida** y tuvo que retirarse.

Tras su recuperación, Lyudmila no se **reincorporó** a las filas del Ejército Rojo, pero se convirtió en modelo y embajadora del Ejército Rojo y de USSR. Viajó por todo el mundo y se reunió con líderes importantes para hacer propaganda de la Unión Soviética. Por ejemplo, fue la primera soviética invitada a la Casa Blanca por el presidente Franklin D. Roosevelt y su esposa, Eleanor Roosevelt. La condecoraron con la Estrella de Oro al Héroe de la Unión Soviética.

EL RATÓN BLANCO, MIEMBRO DE LA RESISTENCIA FRANCESA

Cuando los alemanes invadieron Francia en 1939, Nancy Wake y su esposo se unieron a la Resistencia francesa.

Wake guio a varios pilotos Aliados mientras huía a través de los Pirineos hacia un lugar seguro en España. Pero en 1942 **traicionaron** a su grupo, así que huyó a Gran Bretaña.

Más tarde regresó a Francia para unirse a la Dirección Británica de Operaciones Especiales. Participó en muchas misiones **arriesgadas,** como llevar mensajes por territorio enemigo montada en bicicleta o tener citas con soldados alemanes para obtener información. En muchas ocasiones estuvieron a punto de capturarla, pero siempre logró escaparse o asesinar a sus perseguidores. Después de la guerra recibió muchas condecoraciones militares. Nancy Wake falleció en Londres el 7 de agosto de 2011, a los 98 años de edad.

LAS MUJERES COMO TRABAJADORAS

Durante la Segunda Guerra Mundial, la economía de todos los países **se centraba en** la producción de armas, alimentos y ropa para la guerra. Por eso, los estados necesitaban más mano de obra. Sin embargo, como la mayoría de los hombres estaban en el campo de batalla, las mujeres empezaron a sustituirlos y a trabajar en las fábricas.

Para muchos historiadores, la Segunda Guerra Mundial fue el momento en que las mujeres entraron con más fuerza en el mundo laboral. Se calcula que para 1945, más del 36 % de los trabajos en Estados Unidos eran ocupados por mujeres. En esa época, muchas mujeres recibieron mejores salarios y puestos de trabajo más importantes. Además, en el caso de Estados Unidos, participaron todas las mujeres sin importar su raza, color de piel o edad. Así, muchas mujeres negras, nativas americanas y **de la tercera edad** consiguieron su primer puesto de trabajo **remunerado** durante la guerra. Gracias a las mujeres trabajadoras, los soldados pudieron seguir combatiendo en el frente.

¿Sabías que...?

El Ejército Imperial Japonés convirtió en esclavas sexuales a cientos de miles de mujeres del Pacífico durante la Segunda Guerra Mundial. Estas esclavas sexuales debían dar consuelo a los soldados antes y durante la batalla. Eran conocidas con el nombre de "mujeres de confort".

Vocabulario

en primera persona first-hand
sabotaje sabotage
pasar desapercibido to go undetected
condecoración decoration (of a soldier)
comprometido committed
constantemente constantly
a lo largo de during
malherido badly or gravely injured
reincorporarse to reinstate
traicionar to betray
arriesgado risky, dangerous
centrarse en to be centered in, to concentrate in
de la tercera edad elder, senior citizen
remunerado paid
esclavo slave

5.3. ¿CÓMO PARTICIPARON LOS NATIVOS AMERICANOS EN LA SEGUNDA GUERRA MUNDIAL?

- *Durante la Primera y Segunda Guerra Mundial, los nativos americanos participaron como soldados.*
- *Participaron principalmente transmitiendo mensajes cifrados por radio.*
- *Los mensajes se transmitían en la lengua propia de los nativos para que los enemigos no los entendieran.*

El papel de los indígenas americanos en la guerra ha sido ignorado en los libros de historia. Aun así, tuvieron un rol clave en la transmisión de mensajes secretos desde la Primera Guerra Mundial. Sin embargo, sus aportes como soldados mensajeros especiales fueron principalmente en la Segunda Guerra Mundial.

Durante el siglo XX, los soldados indígenas americanos no fueron reconocidos por sus logros militares, pero durante el siglo XXI el congreso de los Estados Unidos les otorgó condecoraciones y reconocimiento público.

EL ESCUADRÓN CHOCTAW

Los nativos americanos realizaron esta función por primera vez en la ofensiva de Meuse-Argonne del frente occidental, en otoño de 1918. Esa operación fue una de las más importantes de los Estados Unidos durante la Primera Guerra Mundial. En ese momento, los alemanes **llevaban ventaja**, ya que habían **pinchado** las líneas telefónicas y habían descifrado los códigos de los mensajes que se enviaban a través de ellas.

La batalla parecía perdida hasta que un capitán escuchó hablar a dos soldados choctaw. El capitán les preguntó en qué idioma estaban hablando y si había otros soldados que también lo hablaran. Varios soldados sabían hablar choctaw, por lo que empezaron a **transmitir** los mensajes en esta lengua para traducirlos justo después al inglés. Así nació el Escuadrón Telefónico Choctaw. Esa fue la primera vez que se usó un idioma nativo para transmitir mensajes militares.

Los indígenas choctaw son una nación de lengua "muskogee" localizados originalmente en las orillas del río Yazoo y al oeste del río Alabama, en la cuenca del Mississippi. Algunos indígenas choctaw fueron reclutados durante la Primera Guerra Mundial, y un grupo importante participó en la ofensiva de Meuse-Argonne

Gracias a los 19 soldados del Escuadrón Telefónico Choctaw, se pudo transmitir mensajes de forma totalmente segura. Esta estrategia le sirvió al ejército de los Estados Unidos para ganar la ofensiva de Meuse-Argonne, porque los alemanes escuchaban los mensajes, pero no los entendían. ¡Los alemanes llegaron incluso a creer que los estadounidenses habían inventado un aparato que les permitía hablar bajo el agua! Esto es porque los sonidos del idioma muskogee son muy graves y pausados.

LOS NATIVOS AMERICANOS DURANTE LA SEGUNDA GUERRA MUNDIAL

Durante la Segunda Guerra Mundial, los nativos americanos también participaron enviando mensajes **en clave**. Los más conocidos fueron los **transmisores** navajos y comanches. Para esa época, el **pueblo** navajo contaba con 30 000 miembros, de los cuales 420 trabajaron como transmisores de mensajes en clave.

Al principio de la guerra, el resto de los soldados dudaban de la utilidad de los códigos en navajo y comanche. En general, despreciaban las lenguas indígenas porque se pensaba que eran "simples" y mostraban la "falta de inteligencia" de los indígenas. Por eso, muchos soldados de estas dos naciones tuvieron que demostrar su utilidad y eficacia a la hora de transmitir mensajes de manera rápida y segura. Al final de la guerra, todos los comandantes estuvieron muy satisfechos con el trabajo de los transmisores nativos.

Los soldados nativos americanos participaron en numerosas batallas a lo largo de todo el Pacífico, incluyendo las de Guadalcanal, Iwo Jima, Peleliu y Tarawa. Además, los nativos no solo **se encargaban de** transmitir mensajes cifrados, sino también luchaban directamente contra el enemigo en el campo de batalla.

Los nativos americanos no recibieron ningún reconocimiento por su trabajo como transmisores de mensajes al terminar la guerra. Esto sucedió así porque el gobierno de Estados Unidos no sabía cómo explicar que los idiomas que estaban intentando eliminar fueron importantes para vencer a las fuerzas del Eje. Además, no querían que la estrategia de utilizar idiomas nativos para enviar mensajes en clave se hiciera pública y que otros países la **imitaran.**

En 1989, el gobierno francés condecoró a los transmisores choctaw de la Primera y de la Segunda Guerra Mundial con la Orden Nacional al Mérito. También se la dieron a los locutores comanches de la Segunda Guerra Mundial.

El Congreso de los Estados Unidos reconoció por fin a los transmisores navajos y los condecoró con Medallas de Plata a todos ellos en 2001. En 2008, el Congreso rindió homenaje a varios transmisores de otros pueblos nativos. En 2013, el **gobierno tribal** choctaw recibió la Medalla de Oro del Congreso por la participación de algunos de sus miembros en la Primera y Segunda Guerra Mundiales como transmisores de mensajes. Esta es la distinción civil de más alto nivel de los Estados Unidos.

LA DIVERSIDAD DE LOS
INDÍGENAS AMERICANOS

Los choctaw, los comanche y los navajo no son las únicas comunidades indígenas dentro del territorio estadounidense y canadiense. Existen numerosas tribus indígenas americanas. Por ejemplo, los choctaw pertenecen a las llamadas "Cinco Tribus Civilizadas", un término que designa a los pueblos cheroqui, chickasaw, choctaw, creek y ceminola. Este nombre fue creado en la época de la colonia para referirse a los indígenas que habían adoptado costumbres occidentales, como la compra de propiedades agrícolas y esclavos. Hoy en día ya no se utiliza ese nombre porque se considera racista.

Actualmente existen más de 570 tribus nativas americanas dentro del territorio de los Estados Unidos. Más o menos la mitad viven dentro de reservas indígenas. La población de indígenas americanos asciende hasta los 4 millones de habitantes. De esos, 400 000 indígenas americanos aún hablan una de las 135 lenguas nativas, incluyendo el choctaw.

¿Sabías que...?

A veces, había personas que confundían a los soldados nativos con japoneses porque el aspecto de sus caras era muy parecido. Por eso, para evitar problemas, algunos comandantes les pusieron un guardaespaldas a cada uno de los transmisores.

Vocabulario

llevar ventaja to take the lead
pinchar to intervene
transmitir to broadcast
en clave coded
transmisor transmitter
pueblo nation
encargarse de to carry something out
imitar to imitate
gobierno tribal tribal government
guardaespaldas bodyguard

5.4. ¿CÓMO PARTICIPARON LOS AFROAMERICANOS EN LA SEGUNDA GUERRA MUNDIAL?

- *Los afroamericanos han participado en todas las guerras de Estados Unidos.*

- *Solían llevar a cabo labores auxiliares y luchar en rangos bajos del ejército, sin ninguna posibilidad de liderar misiones militares.*

- *Sin embargo, la Segunda Guerra Mundial fue la primera vez en que los soldados negros lucharon junto a los blancos.*

- *En ese conflicto, los soldados negros llegaron a ser comandos y a ocupar rangos militares iguales o más altos que los de los soldados blancos.*

Los afroamericanos no siempre han participado en las guerras de Estados Unidos en las mismas condiciones que hoy en día. Hasta la Segunda Guerra Mundial, los soldados blancos y los soldados negros luchaban en tropas completamente separadas la una de la otra.

LOS AFROAMERICANOS EN EL EJÉRCITO ESTADOUNIDENSE

Las tropas afroamericanas estaban **excluidas** de la Marina y de las Fuerzas Aéreas, y solo se les permitía entrar en el Ejército de Tierra y llegar a **rangos** bajos. Además, había un límite en el número de soldados negros que podía haber en el ejército para que no fueran más numerosos que los soldados blancos. El ejército justificaba este trato tan diferente porque se pensaba que:

1. La separación permitía que el ambiente del ejército fuera tranquilo y estable.

2. Esta era una manera de evitar que los afroamericanos con "mala educación" y sin entrenamiento se alistaran al ejército.

3. La separación era la única manera de darles verdaderas oportunidades a las tropas negras para **progresar** dentro del ejército sin tener que competir con las tropas blancas.

4. La opinión pública de los Estados Unidos no estaba a favor de que blancos y negros convivieran y compartieran espacios.

Sin embargo, a partir de la Segunda Guerra Mundial, las tropas de **ambas** razas comenzaron a combatir juntos en el campo de batalla.

LOS AFROAMERICANOS EN LA SEGUNDA GUERRA MUNDIAL

Al principio de la guerra, las tropas negras no salían al campo de batalla hasta el último momento, cuando eran necesarias. Aun así, en los últimos años de la Segunda Guerra Mundial, las tropas afroamericanas estaban presentes en todas las áreas del ejército, incluyendo la Marina y las Fuerzas Aéreas. Así, las tropas negras reemplazaron en muchos casos a las blancas cuando los muertos en combate eran muy numerosos.

Al comienzo de la guerra, los activistas de los derechos civiles de los afroamericanos vieron que tenían una gran oportunidad para **llegar a** más sectores de la sociedad y del ejército. En junio de 1941, el presidente Roosevelt firmó la Orden Ejecutiva 8802, que prohibía cualquier acto de discriminación por motivos de raza, creencia, color de piel o nacionalidad en las organizaciones de defensa de Estados Unidos. Además, la Primera Dama, Eleanor Roosevelt, declaró que los soldados afroamericanos estaban discriminados dentro del ejército y que eso debía cambiar.

Las tropas afroamericanas fueron al frente por primera vez en 1944, sobre todo en la Batalla de las Ardenas. El ejército estadounidense necesitaba refuerzos y **reemplazos** para los soldados blancos muertos en el frente. Miles de soldados afroamericanos se presentaron como voluntarios. Estos soldados participaron en sus propias divisiones de soldados negros, pero lucharon hombro con hombro con las divisiones de soldados blancos. Por primera vez, una división de soldados negros luchaba junto a una de soldados blancos para conseguir el mismo objetivo.

Cuando Estados Unidos entró en la Segunda Guerra Mundial, contaba con 97 725 soldados afroamericanos. Para finales de 1942, su número aumentó a 467 833. Y cuando finalizó la guerra, ya habían participado 909 000 soldados afroamericanos. Al principio de la Guerra, la mayoría formaba parte de tropas de servicio, y se ocupaban de los suministros, construían carreteras, lavaban uniformes, **fumigaban** y transportaban **provisiones**. Para finales de la guerra, las tropas negras de Estados Unidos habían participado en todas las áreas de las fuerzas aéreas, terrestres y marítimas. El 24.° Regimiento de Infantería había sido vital para el éxito de la Guerra del Pacífico. El 92.° Regimiento de Infantería luchó por toda Europa. Incluso en las Fuerzas Aéreas hubo pilotos afroamericanos especializados que bombardeaban territorio alemán.

Por lo tanto, la Segunda Guerra Mundial trajo el comienzo de la integración racial al ejército de los Estados Unidos. Todos los soldados afroamericanos que lucharon en la guerra lo hicieron con el mismo entusiasmo y esfuerzo que cualquier otro soldado. Y aunque los soldados afroamericanos lucharon en territorio extranjero y regresaron a una sociedad separada y racista, esta empezó a cambiar poco a poco hacia una sociedad más integrada gracias a la contribución de estos soldados en la Segunda Guerra Mundial.

Vocabulario

excluido excluded, segregated
rango rank
progresar to improve, to get a promotion
ambos both
llegar a to reach, to be heard by
reemplazo reserve soldier
fumigar to exterminate, to spray for pests
provisiones provision, supplies

5.5. ¿QUÉ TRATO RECIBIERON LOS JAPONESES EN ESTADOS UNIDOS Y MÉXICO?

- *Después de que Estados Unidos entrara en la Segunda Guerra Mundial, se empezó a tratar a los japoneses que vivían en el continente americano como enemigos.*

- *Comenzó una guerra interna que trataba a todos los japoneses que vivían en Estados Unidos como posibles enemigos.*

- *A estas personas se les confiscaron sus bienes y se les encerró en campos de concentración.*

Después de la guerra contra China a finales del siglo XIX y la guerra contra Rusia a principio del siglo XX, muchos japoneses emigraron a Estados Unidos, Canadá e Iberoamérica buscando mejor calidad de vida. En 1939, justo antes de la Segunda Guerra Mundial, un total de 700 000 japoneses **residían** en el continente americano. En Estados Unidos eran 440 000 y en Iberoamérica, 250 000.

Muchos de estos inmigrantes estaban integrados en la sociedad y llevaban vidas completamente normales. Varios abrieron sus propios negocios, **dominaban** el idioma local (español, inglés o portugués) y la gran mayoría tenían hijos y nietos nacidos en el país donde vivían.

Cuando Estados Unidos le declaró la guerra a Japón tras el ataque a Pearl Harbor, también le declaró una **guerra interna** a los japoneses que vivían en suelo americano. Estados Unidos y otros países de América, como Canadá o México, empezaron a tratar a los japoneses como enemigos extranjeros.

LOS JAPONESES DEL CONTINENTE AMERICANO DURANTE LA GUERRA

En muchos países de América, como en México y Estados Unidos, les quitaron la nacionalidad a los japoneses y a sus descendientes. Además, expulsaron a algunos a Japón, los encerraron en campos de concentración o les quitaron todos sus bienes. Esto cambió completamente la vida de los inmigrantes japoneses en América.

Estas acciones se **justificaban** porque el gobierno de los Estados Unidos veía a los japoneses como posibles espías y enemigos que podían atacar al país desde dentro. Se creía que los japoneses que residían en América planearían un ataque que debilitaría a Estados Unidos y a los países latinoamericanos que lo apoyaban. Creían que, después de Pearl Harbor, los japoneses atacarían la costa oeste de los Estados Unidos y de México. Incluso se llegó a pensar que los japoneses residentes en América tenían planes para sabotear **embalses** y envenenar el **agua potable** y los alimentos, y así atacar a las naciones del continente.

En Estados Unidos, se arrestó a hasta 2200 japoneses tras el ataque a Pearl Harbor. Se les acusó de ser parte de una red de espías, algo que nunca se demostró. Además, se envió al resto de la población japonesa de Estados Unidos a campos de concentración situados en varias zonas del país. Vivieron en ellos durante todo el tiempo que Estados Unidos participó en la Segunda Guerra Mundial. El campo de concentración más grande, que estaba ubicado en California y se llamaba Tule Lake, llegó a estar ocupado por casi 19 000 japoneses americanos.

En México, no se encerró a los japoneses en campos de concentración, pero sí les obligó a vivir en las principales ciudades del país para **vigilarlos más de cerca**. Se les prohibió vivir en la costa o en territorios **fronterizos**. Además, les quitaron todos sus **bienes**. Por lo tanto, el gobierno se quedó con muchos negocios, empresas y casas que eran propiedad de inmigrantes japoneses.

LAS CONSECUENCIAS

Después de que la Segunda Guerra Mundial terminara con la victoria de los Aliados, varios ciudadanos de origen japonés **llevaron a juicio** al gobierno de los Estados Unidos. Reclamaban que les habían quitado sus propiedades y habían sido confinados en campos de concentración durante toda la guerra, como si no fueran ciudadanos americanos. Estas **demandas** tuvieron éxito. Muchos japoneses recibieron una compensación y disculpas públicas por las atrocidades que se cometieron en su contra durante la guerra. Sin embargo, nadie llevó a juicio al gobierno de México, y este nunca se disculpó por las pérdidas económicas de los japoneses residentes en territorio mexicano.

¿Sabías que...?

El traslado de japoneses a campos de concentración en Estados Unidos fue diferente en cada estado. El trato que recibieron los inmigrantes japoneses dependía del número de ellos que vivían en cada zona en concreto. En Hawái, por ejemplo, más de un tercio de la población era de origen japonés, por lo que sólo encerraron a alrededor de 1500 personas para mantener la economía de la región.

Vocabulario

residir to reside, to live
dominar to master, to be proficient
guerra interna internal (civil) war
justificar to justify, to explain
embalse dam
agua potable drinking water
vigilar de cerca: to keep a close eye on someone
fronterizo border
bienes possessions
llevar a juicio to sue, to prosecute
demanda lawsuit
un tercio a third

5.6. ¿QUÉ TRATO RECIBIERON LOS PRISIONEROS DE GUERRA?

- *Los prisioneros de guerra son los soldados capturados por el enemigo durante un conflicto armado.*
- *También pueden serlo los miembros de una guerrilla o los civiles que luchan contra el enemigo.*
- *Durante la Segunda Guerra Mundial hubo una gran cantidad de prisioneros de guerra en ambos bandos.*

LOS PRISIONEROS DE GUERRA: DEFINICIÓN

El concepto de "prisionero de guerra" no se ha usado en todas las épocas. En tiempos antiguos, se asesinaba a los enemigos **vencidos** en una batalla o se les **esclavizaba**. Esto no solo les ocurría a los soldados, sino también a las mujeres, niños y ancianos de la comunidad o nación derrotada.

Durante la Edad Media, se empezó a tratar mejor a los miembros de las naciones o reinos vencidos. Así, los ganadores intentaban integrar a los derrotados en su sociedad haciéndoles trabajar de agricultores y granjeros. A pesar de esto, en muchos casos se continuó asesinando a los miembros del bando perdedor.

A partir del siglo XIX, los países occidentales empezaron un trato más digno a los prisioneros. Así, se intentó escribir varios tratados para buscar una manera de tratar a los prisioneros de guerra válida en todos los países firmantes. El Tratado de La Haya (1899) y el de Ginebra (1864) fueron dos de ellos.

A pesar de sus buenas intenciones, ninguno de estos tratados se cumplió del todo. Su fracaso se debió a que no había ninguna institución que los hiciera cumplir. Por ejemplo, esto ocurrió en la Guerra Civil Americana (1861-1865), en la Guerra Franco-Germana (1870-71), e incluso en la Primera Guerra Mundial (1914-1918). En estas guerras no se trataba a los prisioneros de guerra como si fueran esclavos, pero se les sacaba del campo de batalla. Aun así, en muchos casos se torturaba y asesinaba a los prisioneros, y se les obligaba a realizar trabajos forzados.

LOS PRISIONEROS DE GUERRA DE LA SEGUNDA GUERRA MUNDIAL

Durante la Segunda Guerra Mundial se capturaron millones de prisioneros de guerra. Algunos recibieron un trato digno, pero a otros se los **trató** de un modo inhumano.

Por su parte, Estados Unidos y Gran Bretaña trataron a sus prisioneros de guerra siguiendo las indicaciones de los tratados de La Haya y de Ginebra. Es decir, los prisioneros de guerra salían del frente sin poner en peligro sus vidas. Aunque algunas veces existieron excepciones y luego de la guerra muchos prisioneros de guerra demandaron a estos gobiernos por maltratos e incluso torturas.

Alemania trató a los prisioneros de guerra según su origen. Por ejemplo, los alemanes trataron relativamente bien a los prisioneros de guerra británicos, franceses y estadounidenses. En cambio, trataron muy mal a los prisioneros soviéticos, polacos y de Europa del Este, llegando a asesinarlos **sistemáticamente**. De los casi 6 millones de soldados soviéticos capturados por Alemania, solo sobrevivieron 2 millones, y muchos de ellos murieron de hambre.

Como respuesta a este trato, la Unión Soviética capturó a 3,4 millones de prisioneros alemanes. Enviaron a miles de ellos a los campos de trabajo, o Gulag, donde muchos fallecieron por el exceso de trabajo, la mala alimentación y el clima extremo. También construyeron 300 campos de concentración en varias ciudades soviéticas. En esos lugares se encerraba a los prisioneros de las naciones de Eje: alemanes, italianos, rumanos, húngaros, fineses, croatas y suecos. Muchos de ellos se utilizaron para construir viviendas, puentes y embalses. Solo el 15 % de los prisioneros capturados por la Unión Soviética sobrevivieron al terminar la guerra. Así, muchos de ellos murieron por los duros inviernos y por la falta de comida, ropa y viviendas adecuadas.

El ejército japonés también trataba de manera muy dura a los prisioneros estadounidenses, chinos, británicos y australianos. Solo sobrevivieron el 60 % de los prisioneros de guerra capturados por los japoneses. Después del conflicto, Peter Lee, un soldado de la Real Fuerza Aérea británica, contó su experiencia como prisionero de guerra de los japoneses. No les daban suficiente comida, sufrían enfermedades y les golpeaban con una gran brutalidad. Los japoneses pusieron a Peter y a sus compañeros a trabajar construyendo un aeropuerto en Borneo. Los prisioneros recibían **palizas** cuando no trabajaban tan rápido como querían los japoneses.

LA REVISIÓN DEL TRATADO DE GINEBRA

Después de la Segunda Guerra Mundial, se revisó el tratado de Ginebra. Esto se hizo así porque se capturó a muchos prisioneros durante toda la guerra y por el maltrato que muchos de ellos sufrieron. El Tratado de Ginebra decía que:

1. Se debía retirar a los prisioneros del frente, trasladarlos a un lugar seguro y no **retirarles** sus nacionalidades.

2. La definición de prisionero de guerra se hizo más amplia, e incluyó a los miembros de las milicias y guerrillas, a los civiles voluntarios, a los miembros de la resistencia y a los mensajeros y civiles que actuaban como auxiliares para los combatientes.

3. Durante el conflicto armado, se podía **enviar de vuelta** a los prisioneros a su país o a uno neutral para mantenerlos vigilados.

4. Al terminar la guerra, se debía liberar a los prisioneros y ayudarles a volver a su país lo más rápidamente posible. La única excepción eran aquellos soldados o civiles que debían ir a juicio por sus crímenes de guerra.

Vocabulario

vencido defeated
esclavizar to enslave
tratar to treat
sistemáticamente sistematically
como respuesta a in response to
paliza beating, bashing
retirar to take from
enviar de vuelta to send someone back

6. EL FIN DE LA GUERRA

American troops approaching Omaha Beach on Normandy Beach, D-Day (photo on goodfreephotos.com)

La Segunda Guerra Mundial tuvo dos finales, uno en Europa y otro en el Pacífico asiático. El 30 de abril de 1945, los soviéticos **tomaron** el Parlamento y la Cancillería alemanes. Además, ese mismo día Hitler se suicidó dentro de su búnker. El 30 de abril pasó a la historia como el día de la victoria en Europa (V-E). Por su parte, los japoneses se rindieron el 2 de septiembre de 1945 en la bahía de Tokio, después de que se lanzaran dos bombas nucleares en su territorio. Ese día se conoce como el de la victoria en Japón (V-J).

Los efectos de la guerra se vivieron en todo el mundo. Todo el orden mundial cambió: las antiguas potencias europeas (Italia, Alemania, Francia y Gran Bretaña) perdieron su importancia y nacieron dos nuevas potencias mundiales: Estados Unidos y la Unión Soviética. Estas dos superpotencias mantuvieron un conflicto económico y político durante todo el siglo XX que se conoce como la Guerra Fría.

La Guerra Fría consistió en una **sucesión** de ataques diplomáticos y **mediáticos** en los que se enfrentaron los ideales capitalistas de Estados Unidos y las ideas comunistas de la Unión Soviética.

Sin embargo, los efectos de la Segunda Guerra Mundial no solo fueron políticos y económicos. Gracias a la guerra, se crearon nuevas tecnologías que se utilizan mucho hoy en día, desde nuevas formas de conservar los alimentos hasta cambios en los aviones y el transporte aéreo.

Además, después de la Segunda Guerra Mundial se celebraron varios juicios para sentenciar a criminales de guerra. Los más famosos fueron los juicios de Núremberg y los de Tokio.

En la siguiente sección veremos cómo la Segunda Guerra Mundial terminó en sus dos frentes de batalla y la influencia de estos finales en los hechos históricos del resto del siglo XX.

Vocabulario

tomar to seize
sucesión series
mediático media *adjective*

6.1. ¿CUÁNDO TERMINÓ LA GUERRA? EL V-E Y EL V-J

- *La Segunda Guerra Mundial se desarrolló en dos grandes frentes de batalla, uno en Europa y otro en el Pacífico.*

- *La victoria en Europa (V-E) ocurrió como resultado de las ofensivas de los Aliados contra Alemania, tanto en el lado occidental como en el oriental.*

- *La victoria en Japón (V-J) tuvo lugar tras el lanzamiento de las dos bombas nucleares del ejército estadounidense contra el pueblo japonés, que obligaron al emperador a rendirse.*

LA VICTORIA EN EUROPA (V-E)

A partir de la segunda mitad de 1944, Alemania recibió ataques por dos frentes. Uno de ellos fue el occidental, donde **se encontraban** las tropas estadounidenses y británicas. El otro frente estaba en el este, y allí combatían las tropas soviéticas. A partir de este momento empezó una carrera entre los ejércitos aliados para ver quiénes eran los primeros en llegar a Berlín.

En diciembre de 1944, Hitler lanzó una gran ofensiva contra el frente occidental en el territorio de las Ardenas (Francia). Hitler quería **partir en dos** el frente donde luchaban las tropas de Estados Unidos y de Gran Bretaña para debilitarlas. A pesar de que la batalla **retrasó** el ataque estadounidense y británico, estos pudieron seguir avanzando hacia la capital alemana. Hitler **se lo jugó** todo en ese ataque, pero Alemania perdió 250 000 hombres y 600 tanques.

En enero de 1945, las tropas soviéticas llegaron al río Oder, a 80 kilómetros de Berlín. Las tropas alemanas resistieron todo el tiempo que les fue posible para que los habitantes de la capital pudieran huir de la zona occidental del país, que estaba controlada por los británicos y los estadounidenses.

En febrero de 1945, las Fuerzas Aéreas de Estados Unidos y Gran Bretaña bombardearon Dresde y otras ciudades alemanas. Estos ataques sirvieron para apoyar el avance de las tropas de los Aliados en territorio alemán. Muchas ciudades quedaron totalmente destruidas y murieron aproximadamente 70 000 personas.

A pesar de que los Aliados rodeaban Berlín por todas partes, Hitler ordenó que ningún soldado o civil huyera. También ordenó que los ancianos y adolescentes se alistaran al ejército para defender la capital. Así, 50 000 soldados, 40 000 de ellos ancianos y adolescentes, lucharon contra 450 000 soldados soviéticos. Para el mes de abril, ya la ciudad estaba **en manos** de los soviéticos.

El 22 de abril, Hitler **se dio cuenta** de que la batalla estaba perdida y de que nadie lo iba a **rescatar**, por lo que decidió quedarse en Berlín y suicidarse. Murió el 30 de abril de 1945, el mismo día en que las tropas soviéticas tomaron el Parlamento alemán y la Cancillería; tenía 56 años. La rendición alemana se comunicó oficialmente al mundo el 8 y 9 de mayo.

LA VICTORIA EN JAPÓN (V-J)

Después de que Alemania se rindiera, los japoneses decidieron no hacerlo. Continuaron defendiendo su territorio y atacando a las tropas Aliadas en varios puntos del Pacífico asiático. Las tropas japonesas, aunque tenían menos recursos y armas, **plantaban cara** a sus ejércitos rivales. Sin embargo, los japoneses perdieron la isla de Iwo Jima, desde donde los Aliados comenzaron a amenazar al territorio de Japón muy de cerca.

El avance de Estados Unidos en las islas del Pacífico era muy lento, y ambos ejércitos perdían muchos soldados. Por esta razón, el presidente de los Estados Unidos decidió utilizar en el frente una bomba creada hacía poco tiempo: la bomba atómica.

En 1939, los científicos estadounidenses se dieron cuenta de la capacidad destructiva de la fisión nuclear gracias a los experimentos llevados a cabo por los alemanes. Ese mismo año, Albert Einstein **advertía** de los peligros de crear una bomba nuclear. En 1941, se empezó a desarrollar la primera bomba nuclear en **el marco** del Proyecto Manhattan. La dirección del proyecto estuvo a cargo del general mayor Leslie Groves del Cuerpo de Ingenieros del Ejército de los Estados Unidos, y el físico nuclear Robert Oppenheimer como director del Laboratorio de Los Álamos. Este grupo diseñó las bombas nucleares que permitieron ganar la guerra en Japón en lo que se conoció como Proyecto Manhattan. Cuatro años más tarde, el 16 de julio de 1945, se probó esta bomba en Alamogordo, Nuevo México.

El 6 de agosto de 1945 se lanzó la primera bomba nuclear en la ciudad de Hiroshima, Japón. En el centro de la explosión murieron al instante más de 50 000 personas. Las víctimas de la radioactividad de la bomba **ascendieron** a 100 000 hacia finales de aquel año. El 8 de agosto, la Unión Soviética le declaró la guerra a Japón e invadió Manchuria y Corea, dos de los territorios controlados por los japoneses.

Como estos no se rendían, el 9 de agosto de 1945 los Estados Unidos lanzaron una segunda bomba atómica en territorio japonés; en Nagasaki, concretamente. Murieron más de 40 000 personas a causa de la explosión. El gobierno japonés firmó la declaración de rendición el 2 de septiembre de 1945 en la bahía de Tokio.

¿Sabías que…?

Las bombas nucleares usadas en Japón tenían la misma potencia que 15 000 toneladas de TNT.

Vocabulario

encontrarse to be located
partir en dos to split, to divide in two
retrasar to delay
jugárselo/a to go all in for something
en manos de in the hands of
darse cuenta de to realize
rescatar to rescue
plantar cara to face, to confront
advertir to warn
marco framework
ascender to rise to

6.2. ¿CUÁLES FUERON LOS EFECTOS DE LA GUERRA?

- *La Segunda Guerra Mundial marcó un antes y un después en el mundo.*

- *Después de la guerra, Europa perdió su poder económico y político, mientras que URSS y Estados Unidos se transformaron en potencias mundiales.*

- *Empezó la producción masiva de armas atómicas y se creó la Organización de las Naciones Unidas (ONU) para evitar otra guerra a escala mundial.*

EL ORIGEN DE LAS DOS SUPERPOTENCIAS: RUSIA Y ESTADOS UNIDOS

Después del final de la Segunda Guerra Mundial, se empezaron a ver los efectos económicos de este conflicto en Europa.

Antes de la guerra, Alemania, Italia, Francia y Gran Bretaña eran las potencias mundiales, pero después del conflicto, estos países estaban muy debilitados. Alemania acabó la guerra dividida y totalmente destruida, Francia e Italia estaban en **bancarrota** y Gran Bretaña tenía enormes deudas con los Estados Unidos. Varias ciudades europeas importantes, junto con sus industrias, sus **ferrocarriles** y sus calles y carreteras, quedaron totalmente destruidas. Se calcula que Europa perdió casi el 50 % de su sector industrial hacia el final de la guerra.

El sector agrícola también sufrió terribles consecuencias, ya que se destruyeron miles de granjas y de **campos de cultivo,** y esto provocó hambrunas por toda Europa.

El único tipo de industria que se benefició de la guerra fueron los fabricantes de armamento. Los países que más aumentaron sus **ingresos** con la venta de equipamiento bélico fueron Estados Unidos y la Unión Soviética.

Al terminar la guerra, Estados Unidos era el país con mayor poder económico y militar, ya que fue el único que aumentó su producción industrial porque vendió una gran cantidad de productos a Europa durante el conflicto. En 1945, controlaba más de la mitad de las reservas de oro a nivel mundial. Además, tenían la fuerza aérea más grande del mundo, y al ser los primeros en crear bombas atómicas, era el país con mayor número de estas armas.

En cambio, la Unión Soviética salió de la Segunda Guerra Mundial con su economía y su fuerza militar un poco debilitadas, aunque tenía una industria fuerte, grandes extensiones de tierra y muchos habitantes. Además, seguían contando con el ejército más grande del mundo. En 1949, los soviéticos construyeron su primera bomba atómica, momento en el que los Estados Unidos dejaron de tener el monopolio del poder nuclear en el mundo.

LA FORMACIÓN DE LA ORGANIZACIÓN DE LAS NACIONES UNIDAS

A lo largo de la Segunda Guerra Mundial ya se celebraron varias conferencias para crear una organización encargada de mantener la paz mundial. Esta institución fue la que sustituyó a la Sociedad de Naciones, y se le dio el nombre de Organización de las Naciones Unidas (ONU).

La ONU se fundó en octubre de 1945, cuando se firmó la Carta de las Naciones Unidas en San Francisco. Los principales objetivos de la ONU son:

* Mantener la paz mundial y evitar cualquier guerra.

* **Fomentar** el progreso económico, educativo, científico y cultural en el mundo, con especial énfasis en los países en vías de desarrollo.

* Defender los derechos humanos de las personas, los pueblos y las naciones de la Tierra.

Asimismo, la ONU tiene varias comisiones y organizaciones especializadas en atender problemas mundiales concretos, como por ejemplo:

* **La Comisión de Derechos Humanos**, que se encarga de **velar por** el respeto de los derechos fundamentales de todos los seres humanos.

* **La Organización Internacional del Trabajo (OIT)**, encargada de mejorar las condiciones laborales en todo el mundo. Los objetivos de esta organización

son garantizar salarios dignos, jornadas de trabajo de 8 horas, la formación de sindicatos y el acceso a la seguridad social universal.

- **La Organización Mundial de la Salud (OMS),** que tiene la misión de asegurar el acceso a los servicios de salud a nivel mundial. También combate las enfermedades en el mundo, organiza campañas de vacunación y **financia** investigaciones médicas.

- **La Organización para la Alimentación y la Agricultura (FAO)** trabaja para fomentar la producción agrícola a nivel mundial y para erradicar el hambre en el mundo.

- **La Organización de las Naciones Unidas para la Educación, la Ciencia y la Cultura (UNESCO)** se encarga de fomentar la **alfabetización** a escala mundial, la producción científica y artística y la cooperación entre países en proyectos artísticos y culturales.

OTROS EFECTOS DE LA SEGUNDA GUERRA MUNDIAL

Uno de las consecuencias más peligrosas de la Segunda Guerra Mundial fue el inicio de la fabricación de armas nucleares a gran escala. Algunos países, como URSS o Estados Unidos, produjeron un gran número de bombas nucleares para **intimidar** a sus posibles enemigos. Por lo tanto, durante la segunda mitad del siglo XX, el mundo estuvo en todo momento bajo la amenaza de una guerra nuclear. Incluso en la actualidad y aunque se han firmado tratados de desnuclearización, las potencias internacionales amenazan con usar y desarrollar más armas nucleares.

Además, muchos países se **independizaron** tras la Segunda Guerra Mundial. Las colonias asiáticas de Gran Bretaña, Holanda y Francia fueron las primeras en reclamar su independencia. Después de haber pasado varios años defendiéndose de los ataques e invasiones japonesas, no querían volver a **someterse** a los países europeos. En África y Oriente Medio, las campañas por la independencia también se hicieron más intensas. Por ello, **surgieron** muchos países nuevos en estos territorios entre los años 50 y 70.

¿Sabías que...?

Algunos de los países asiáticos que consiguieron su independencia después de la Segunda Guerra Mundial fueron Malasia, Singapur, Birmania (Myanmar), la Indochina francesa (los actuales Vietnam, Laos y Camboya) y las Indias Occidentales Holandesas (Indonesia).

Vocabulario

bancarrota bankruptcy
ferrocarril railway
campo de cultivo plot of land meant for cultivation
ingreso income
fomentar to encourage; to push
velar por to safeguard, to watch over something
financiar to fund

alfabetización literacy
intimidar to intimidate
independizarse to become independent
someterse to submit onself
surgir to arise

6.3 ¿CÓMO SE DESARROLLARON LOS JUICIOS DE NÚREMBERG?

- *Los juicios de Núremberg se celebraron en la ciudad alemana de este nombre tras la Segunda Guerra Mundial.*
- *En ellos, se llevó a los líderes nazis que habían cometido crímenes de guerra ante un tribunal.*
- *También hubo varios juicios durante y después de los de Núremberg, como los de Tokio, Japón.*

LOS JUICIOS DE NÚREMBERG

Durante la Segunda Guerra Mundial, los Aliados **anunciaron** que iban a castigar a los criminales de guerra nazis cuando terminara el conflicto.

El 17 de diciembre de 1942 fue la primera vez que los Aliados declararon que castigarían los asesinatos en masa de judíos. En octubre de 1943, Churchill, Roosevelt y Stalin firmaron la declaración de Moscú, que aseguraba que, después de la guerra, se enviaría a los criminales de guerra a los países donde habían **cometido** sus crímenes para **comparecer** ante los jueces.

Entre el 18 de octubre de 1945 y el 1 de octubre de 1946, el Tribunal Militar Internacional celebró los juicios de Núremberg en Alemania. Acudieron a juicio 22 personas acusadas de **conspiración, violación** de derechos de guerra, y crímenes contra la humanidad, entre otros delitos. La mayoría de los acusados admitieron estos crímenes, pero declararon que solo estaban cumpliendo las órdenes que les había dado una autoridad superior.

De los 22 acusados, 12 recibieron una condena a muerte por estar involucrados directamente con los asesinatos sistemáticos de judíos y de prisioneros de guerra. Además, se condenó a cadena perpetua a tres acusados, y a otros cuatro se les dieron condenas de prisión de entre 10 y 20 años. Estos eran altos funcionarios y empresarios que estuvieron involucrados indirectamente en el asesinato de prisioneros. También se les acusó de utilizar a los prisioneros para hacer trabajos forzados. Al final, tres acusados recibieron el **indulto**.

LOS JUICIOS DESPUÉS DE NÚREMBERG

Después de los juicios de Núremberg se aprobó una ley para iniciar otros juicios fuera de Alemania contra los criminales nazis. Estos juicios se conocen hoy en día como los juicios posteriores a los de Núremberg. El general estadounidense Telford Taylor fue designado fiscal principal de estos procedimientos.

Estos se celebraron en todo el mundo: en varias zonas de Gran Bretaña, Estados Unidos, Francia, Italia, Unión Soviética y Austria. Los acusados de estos juicios eran oficiales nazis de segundo rango, como guardias y comandantes de campos de concentración, oficiales de policía, miembros de las SS y médicos que realizaron experimentos con seres humanos.

En Estados Unidos se juzgó a 183 acusados en 12 juicios. 12 de estos acusados recibieron pena de muerte, a 8 se les sentenció a **cadena perpetua**, a 77 se les encarceló durante períodos **breves** y al resto se les dio el indulto. En 1947, los tribunales de Polonia condenaron a muerte a Rudolf Höss, el comandante de Auschwitz, uno de los campos de concentración más grandes construido por los nazis donde murieron por lo menos 1,1 millones de judíos.

También hubo varios cazadores de nazis que se dedicaban a perseguir a los que habían huido de Europa. Los más conocidos fueron Beate Klarsfeld y Simon Wiesenthal. Este último capturó, extraditó y mandó a juicio a Adolf Eichmann, que había huido a Argentina tras la guerra. El juicio de Eichmann tuvo lugar en Jerusalén, y acabó con su condena a muerte en 1962. Eichmann fue uno de los principales responsables de los asesinatos masivos de judíos, ya que se dedicaba a coordinar su distribución en varios campos de concentración.

LOS JUICIOS DE TOKIO

También se celebraron juicios en Japón. Estos son conocidos como los juicios de Tokio, y en ellos se juzgó a criminales de guerra japoneses. Hubo 45 acusados, de los cuales condenaron a muerte a 27, a cadena perpetua a 16 y otras 2 personas recibieron condenas de cárcel breves.

Sin embargo, ninguno de los acusados estuvo en prisión de por vida, ya que el gobierno japonés los indultó en 1958. En ese momento, los gobernantes de Japón no creían que esos soldados japoneses merecieran condenas perpetuas porque estaban defendiendo los intereses de expansión de la Nación Japonesa.

¿Sabías que...?

Durante los juicios de Núremberg, Rudolf Höss intentó fingir demencia para salir librado de las acusaciones, pero no convenció a nadie. Además, durante su juicio, Höss llegó a corregir al juez diciéndole que no se habían asesinado en Auschwitz tres millones de judíos, sino solo dos millones y medio. Según el, los demás murieron de hambre y cansancio.

Vocabulario

anunciar to announce
cometer to commit
comparecer to appear, to address
conspiración plot
violación violation, infringement
indulto pardon, retrieve
cadena perpetua life sentence
breve short, brief

6.4. ¿QUÉ AVANCES TECNOLÓGICOS SE DESARROLLARON DURANTE LA GUERRA?

- *Durante la guerra se desarrollaron muchos avances tecnológicos para tener ventaja frente a los enemigos.*

- *En la Segunda Guerra Mundial se mejoraron las comunicaciones, las armas y la conservación de alimentos.*

- *Actualmente, muchos de estos avances tecnológicos forman parte de nuestro día a día.*

EL "ESPECTRO DISPERSO" DE ESTADOS UNIDOS

Estados Unidos sabía que solo podía ganar la Segunda Guerra Mundial si desarrollaba armas y sistemas de telecomunicaciones nuevos. Por ello, fomentaron la creación de inventos nuevos en estos **campos**. Una de estas inventoras fue Hedy Lamarr, que junto a George Antheil inventó el "Sistema de Comunicación Secreto" que se conoce hoy como **espectro disperso**.

Este sistema de comunicación transmitía mensajes en varias frecuencias para comunicar información de forma segura y efectiva. Lamentablemente, hasta los años 60 solo se usó en el ejército porque era muy caro. La primera vez que se utilizó fue para construir torpedos **teledirigidos** que los enemigos no pudieran detectar.

Los inventores del espectro disperso trabajaban en Hollywood. Hedy Lamarr era una famosa actriz, y George Antheil era pianista de películas. Actualmente, su tecnología se usa en sistemas de telecomunicaciones como el Bluetooth, el GPS o el wifi. Por esta razón, Lamarr y Antheil pasaron a formar parte del Salón de la Fama de los Inventores en 2014.

DESCODIFICANDO ENIGMA

Durante la guerra, los alemanes transmitían sus mensajes en clave a través de una maquina codificadora llamada Enigma. Todas las máquinas Enigma estaban configuradas para que los mensajes se transmitieran de una forma completamente segura. Los Aliados **captaban** estos mensajes, pero no podían leerlos, así que intentaron descodificar estos mensajes durante toda la Segunda Guerra Mundial para poder enterarse de los planes y estrategias militares de los alemanes.

Para descodificar la maquina Enigma, los Aliados contrataron a las mentes más brillantes de Polonia, Francia y Gran Bretaña. Muchos de ellos eran los mejores matemáticos, estadísticos y criptógrafos del mundo. Entre ellos estaba Alan Turing, que inventó otra máquina capaz de descodificar los mensajes en clave de Enigma. Su máquina recibió el nombre de "la Bomba", y se considera que es la **precursora** de los ordenadores modernos. Alan Turing dedicó toda su vida a seguir investigando para crear una máquina universal de uso común, un prototipo de los ordenadores usados hoy en día.

LAS CABINAS PRESURIZADAS DE LOS AVIONES

Una de las tecnologías que más avanzó en la Segunda Guerra Mundial fue la de la aviación. Ambos bandos se centraron en mejorar y desarrollar nuevos modelos de aviones porque creían que la guerra solo se podía ganar en el aire.

Uno de estos avances fue la cabina presurizada. Antes de este invento, los aviones contaban con máscaras de oxígeno para cada uno de los pilotos y **tripulantes**. Se creó un avión totalmente **sellado** para eliminar estas máscaras y evitar que el aire se escapara del interior del aparato. Sus ventanas se hicieron más pequeñas y las cabinas se convirtieron en una cámara a presión.

Las Fuerzas Aéreas de los Estados Unidos empezaron a desarrollar esta tecnología en 1937. La utilizaron en los bombarderos B-29 Superfortress que construyó la compañía Boeing durante la Segunda Guerra Mundial. Estos aviones tenían compartimentos presurizados para pilotos y pasajeros. Gracias a ellos, los soldados y pilotos viajaban mucho más cómodos y seguros.

OTROS INVENTOS

Existen otros muchos productos desarrollados durante la Segunda Guerra Mundial que hoy en día son de uso común. Algunos de ellos son armas de destrucción masiva, como las bombas atómicas, mientras que otros tienen un uso más pacífico, como la comida **enlatada** o el chocolate cubierto con caramelo (M&M's). También se empezó a utilizar con mucha más frecuencia la penicilina y se inventaron el ultrasonido, las **compresas femeninas** y las gafas de sol.

¿Sabías que...?

A pesar de su pasado como actriz, Hedy Lamarr fue la primera mujer en ganar el premio Óscar de los inventores, el BULBIE Gnass Spirit of Achievement. En 2017 fue premiada por todos los inventos creados durante su vida, particularmente por el "Espectro Disperso". Este premio es considerado el "Óscar" de los inventores.

Vocabulario

campo field, área
espectro disperso
teledirigido remote controlled
descodificar/ decodificar to decode
captar to receive, to lock on
precursor predecessor
cabina presurizada pressurized cabin
tripulante crew member
sellado sealed
enlatado canned
compresa femeninas sanitary towel

6.5. ¿CÓMO CONTINUARON LOS CONFLICTOS DURANTE LA GUERRA FRÍA?

- *Después de la Segunda Guerra Mundial, el conflicto entre Estados Unidos y la Unión Soviética se hizo más intenso.*

- *Nunca se declararon la guerra, pero comenzó una nueva forma de conflicto conocida como la Guerra Fría.*

- *Esta guerra duró desde 1945 hasta 1991. Consistió en ataques indirectos, mediáticos, económicos y políticos entre las dos superpotencias.*

EL BLOQUE COMUNISTA Y EL BLOQUE CAPITALISTA

Después de la Segunda Guerra Mundial, el mundo se dividió en dos grandes bloques ideológicamente opuestos. Uno era capitalista y estaba liderado por los Estados Unidos de América. El otro era comunista, y en él, la Unión Soviética estaba al mando.

Entre 1945 y 1948, Estados Unidos y la Unión Soviética se rodearon de aliados y se formaron los siguientes bloques:

1. **El bloque occidental o capitalista**: sus **integrantes** principales eran varios países de Europa occidental, Canadá, Australia, Nueva Zelanda, Turquía y Japón.

En 1949 crearon una alianza militar: la Alianza del Atlántico Norte u OTAN.

2. **E El bloque oriental o comunista**: lo formaban países de Europa del Este como Polonia, Hungría, Rumanía, Bulgaria, Yugoslavia, Albania, Checoslovaquia y Alemania Oriental. Corea del Norte y China entraron en este bloque cuando adoptaron el comunismo como sistema de gobierno. En 1945 establecieron la alianza militar del Pacto de Varsovia.

Ambos bloques tenían sistemas económicos, políticos y sociales totalmente opuestos. El sistema capitalista se basa en crear bienestar económico a través de la propiedad privada y del libre mercado. Por otro lado, el sistema comunista pone el énfasis en la **propiedad colectiva** y el **reparto** de riquezas para lograr el mismo **fin**.

INICIO DE LA GUERRA FRÍA

La Guerra Fría entre el bloque comunista y el capitalista comenzó cuando Estados Unidos y la Unión Soviética comenzaron a adoptar políticas expansionistas.

Estados Unidos aumentó su influencia económica y política en toda Europa después de la Segunda Guerra Mundial. Esto lo logró a través de la doctrina Truman y del plan Marshall. La doctrina Truman consistía en ayudar a los países amenazados por el avance del comunismo. Con la doctrina Truman, Estados Unidos les dio armas y dinero a Grecia y Turquía para defenderse de la presión de la Unión Soviética.

Por otro lado, el plan Marshall ofreció ayuda estadounidense a Europa Occidental para recuperarse de la crisis económica generada por la Segunda Guerra Mundial. En cuatro años, Estados Unidos dio préstamos de 13 000 millones de dólares a varios países europeos para ayudarles a recuperar su industria y su agricultura.

La ayuda económica de Estados Unidos a Europa también contribuyó a que los países europeos apoyaran las decisiones estadounidenses en organismos internacionales como la OTAN y la ONU.

Por otra parte, la Unión Soviética había perdido muchos recursos y aliados después de la Segunda Guerra Mundial, así que hizo esfuerzos para asegurarse la amistad de sus países vecinos. Estos eran sobre todo países de Europa del Este. Algunos adoptaron el comunismo **a la fuerza** y otros lo hicieron por su propia voluntad.

LAS CRISIS DE LA GUERRA FRÍA

La primera crisis de la Guerra Fría ocurrió cuando los vencedores de la Segunda Guerra Mundial se repartieron Alemania y su capital, Berlín, en cuatro zonas. Las tres zonas occidentales pertenecían a Francia, Estados Unidos y Gran Bretaña, mientras que la zona oriental era de la Unión Soviética. El contraste entre la Alemania Occidental y la Alemania Oriental era muy grande. Alemania Occidental recibía ayuda económica, mientras que Alemania Oriental estaba obligada a pagar su deuda con la Unión Soviética después de la guerra. A pesar de que Estados Unidos quería que Alemania se **unificara,** la Unión Soviética prefería que siguiera separada. No fue hasta 1989, cuando el comunismo en Alemania Oriental fracasó definitivamente, que Alemania se unificó en un solo estado.

Otra de las crisis de la Guerra Fría fue la de la producción de armas nucleares. Estados Unidos fue la primera potencia en crear y utilizar una bomba nuclear en 1945. La Unión Soviética fabricó y probó su primera bomba nuclear en 1949. A partir de ese momento comenzó una carrera **armamentística** entre ambos países. En 1952, Estados Unidos fabricó una bomba de hidrógeno que era mucho más potente que las anteriores. Mientras tanto, la Unión Soviética fabricó su propia bomba de hidrógeno en 1953. En 1957, la Unión Soviética fabricó un **misil balístico** intercontinental capaz de lanzar una bomba nuclear a otros continentes, como por ejemplo, a América. Estados Unidos desarrolló en poco tiempo un misil capaz de hacer lo mismo. Se fabricaron todas estas bombas y cohetes para que ninguna superpotencia tuviera menos armas que su oponente. Esto provocó que Estados Unidos y URSS acumularan una gran cantidad de bombas nucleares capaces de destruir todo el planeta Tierra varias veces. Por esta razón, la población vivió con miedo a que estallara una guerra nuclear durante toda la Guerra Fría.

Durante la Guerra Fría, los Estados Unidos llegaron a poseer aproximadamente 35 000 armas nucleares. En 2012 se reportó que Estados Unidos tiene más o menos 8000 bombas nucleares (2900 activas y 2800 en reserva, y

3000 almacenadas para ser desmanteladas). Mientras que Unión Soviética llegó a tener durante la Guerra Fría hasta 45 000 armas nucleares. En 2012, Rusia poseía casi 10 000 armas nucleares (4400 activas y 5500 almacenadas para ser desmanteladas).

Asimismo, Estados Unidos y la Unión Soviética participaron en diferentes guerras para defender sus ideales capitalistas o comunistas, en regiones del mundo, donde países aliados se enfrentaban. Las más importantes fueron la Guerra de Corea y la Guerra de Vietnam. Después de la derrota de Japón, Corea quedó dividida en dos partes: el norte comunista y el sur capitalista. En 1950, Corea del Norte invadió Corea del Sur, y con ello comenzó la Guerra de Corea. La guerra duró tres años y murieron tres millones de civiles y casi un millón de soldados. Se firmó la paz entre las dos Coreas en 1953. Ambos bandos se declararon ganadores. En este acuerdo se **fijó** la frontera entre el norte y el sur.

En 1962, Estados Unidos tomó parte en la Guerra de Vietnam con el objetivo de derrocar al gobierno comunista del país, pero tuvieron que retirarse en 1973 sin conseguirlo. La guerra de Vietnam duró 20 años y se enfrentaron soldados de dos bandos: Vietnam del Sur, que era capitalista y estaba apoyada por los Estados Unidos, contra Vietnam del Norte, que era comunista y estaba apoyada por la Unión Soviética y China. En esta guerra fallecieron entre 4 y 5 millones de personas. Es la guerra más larga en la que ha participado Estados Unidos y es considerada la guerra más importante dentro de la Guerra Fría.

La Guerra Fría terminó cuando la Unión Soviética **se disolvió** en varios países en 1991. La caída del muro de Berlín de 1989 también fue decisiva para que la Guerra Fría terminara.

¿Sabías que…?

Durante la Guerra Fría, los Estados Unidos querían demostrar la potencia de sus bombas nucleares. Incluso llegaron a pensar en detonar una bomba nuclear en la luna para demostrarle a la Unión Soviética la potencia de sus bombas. Estados Unidos también quiso construir una base militar en la luna.

Vocabulario

integrante member
colectivo collective
reparto distribution
fin *here:* objective
a la fuerza by force
unificar to unify
armamentístico arms, weapons
misil balístico missile
fijar to set, to determine
disolverse to dissolve, to break up

7. MISCELÁNEA

En esta sección ofreceremos algunos datos curiosos y cifras de la Segunda Guerra Mundial.

Primero, analizaremos el uso de la propaganda durante toda la Segunda Guerra Mundial, sobre todo en Estados Unidos y Alemania.

También **echaremos un vistazo** a las cifras más importantes de la Segunda Guerra Mundial, especialmente a las de las muertes de personas y pérdidas materiales.

Por último, hablaremos del cine y de la literatura que **se inspira en** la Segunda Guerra Mundial a partir de tres películas y tres libros famosos **ambientados** durante el conflicto.

Vocabulario

echar un vistazo to have a look, to have a peek
inspirarse en to get inspiration, to inspire oneself by
ambientado set in

7.1. ¿CUÁLES FUERON LOS EFECTOS DE LA PROPAGANDA DURANTE LA SEGUNDA GUERRA MUNDIAL?

- *Durante la Segunda Guerra Mundial no solo se libraron batallas en tierra, aire y mar.*

- *Las películas, carteles y noticias también fueron esenciales durante la guerra.*

- *Mediante la propaganda se manipuló la opinión pública y se intentó unir al pueblo contra el bando enemigo.*

EL PODER DE LA PROPAGANDA DURANTE LA GUERRA

La propaganda consiste en un **conjunto** de mensajes políticos **destinados** a ganar seguidores y a convencer a la opinión pública de que una idea o propuesta es mejor que otras. La propaganda puede adoptar varias formas. En la época de la Segunda Guerra Mundial se usaron principalmente carteles y películas.

La propaganda **se empleó** durante la Segunda Guerra Mundial para fomentar ideales de patriotismo y nacionalismo entre la población, de manera que los ciudadanos supieran por qué estaba luchando su país en la guerra y quiénes eran sus enemigos.

Todos los países participantes en la Segunda Guerra Mundial hicieron propaganda en contra de sus enemigos. Los dos países que utilizaron más propaganda fueron Alemania y Estados Unidos.

En muchos casos, los mensajes de la propaganda eran falsos o exagerados. Quienes creaban los carteles y películas usaban los defectos de los enemigos y los exageraban para crear odio hacia ellos. Estados Unidos utilizó la propaganda para **estimular** la productividad de sus ciudadanos. Por su parte, Alemania utilizó la propaganda para difundir ideas antisemitas. A pesar de sus diferencias, ambos países usaron la propaganda para unir a los ciudadanos en contra de un enemigo en común.

LA PROPAGANDA ESTADOUNIDENSE

El principal objetivo de Estados Unidos con la propaganda era estimular la producción de la industria del armamento. Es por esto que los mecánicos eran los protagonistas de muchos de los panfletos **difundidos** durante la guerra. Sus mensajes promovían el trabajo duro para producir más armas y así poder ganar la guerra.

La propaganda estadounidense también **alimentaba** el odio hacia el enemigo, sobre todo hacia los japoneses. En muchos mensajes de propaganda americanos se representaba a los japoneses como animales salvajes o monstruos tontos.

Los Estados Unidos también usaron el cine como propaganda. Un ejemplo de este tipo de películas fue *December 7th: The Movie,* una producción que anima al pueblo estadounidense a **vengarse** contra los japoneses tras haber atacado Pearl Harbor. Este vídeo anima a la población a comprar sellos para financiar al ejército estadounidense, y así contraatacar a los japoneses.

LA PROPAGANDA ALEMANA

La propaganda era muy importante para Adolf Hitler. El objetivo alemán era estimular el nacionalismo y el respeto hacia el Partido Nazi. Los alemanes también usaron la propaganda para alimentar el odio hacia los judíos.

Muchos de las carteles diseñados por la Alemania nazi estaban protagonizados por soldados de pelo rubio y ojos azules. Esto servía para comunicar que era importante mantener la pureza del pueblo alemán y de la raza aria (los blancos no judíos). Por otro lado, estos mensajes representaban a los judíos como personas con nariz grande y caras exageradas para provocar asco hacia ellos.

Los alemanes también utilizaron el cine como instrumento de propaganda y crearon varias películas ambientadas en el frente. Los nazis solo mostraban sus éxitos, nunca sus derrotas. Estas películas animaron a muchos jóvenes a alistarse al ejército alemán. Como en las películas solo mostraban cómo Alemania estaba ganando la guerra, muchos jóvenes se las creían y enseguida les **entraban ganas de** participar en esas victorias.

PROPAGANDA DE OTROS PAÍSES

La Unión Soviética también diseñaba pancartas de más de un metro de largo. Estas propagandas mostraban imágenes que buscaban aumentar la moral del pueblo. Por esta razón, en muchas pancartas se representaba a los soviéticos como grandes soldados, y a los nazis como pequeñas caricaturas.

Las pancartas soviéticas tenían grandes imágenes con muy pocos mensajes escritos, porque muchos soldados y ciudadanos soviéticos no sabían leer ni escribir.

Por otra parte, la propaganda británica dependía principalmente de la radio y las pancartas. La propaganda visual era muy similar a la estadounidense, pero era más sencilla y mostraba soldados y mujeres estilizados. Los mensajes que difundían eran muy variados, desde consejos para ahorrar dinero durante la guerra, hasta advertencias a los trabajadores para que no descansaran demasiado, porque todo tiempo libre les daba ventaja a los nazis.

¿Sabías que…?

Durante la batalla de Dunkerque, los alemanes lanzaron panfletos además de bombas. Los panfletos decían en inglés: "¡Soldados británicos! Miren el mapa; esta es su situación. Sus tropas están rodeadas. ¡Bajen las armas!"

Vocabulario

conjunto set
destinado meant to, destined to
emplear to use
estimular to stimulate, to foster
difundido distributed
panfleto pamphlet
alimentar to spur, to stimulate
vengarse to take revenge
entrar ganas de to start feeling like doing something
bajar las armas to lay down arms

7.2. ¿CUÁLES SON LAS CIFRAS MÁS IMPORTANTES DE LA SEGUNDA GUERRA MUNDIAL?

- *La Segunda Guerra Mundial dejó un enorme rastro de pérdidas humanas y materiales.*
- *Las cifras exactas de las pérdidas de guerra son difíciles de calcular.*
- *Murieron más de 40 millones de personas.*

¿CUÁNTAS PERSONAS MURIERON EN LA SEGUNDA GUERRA MUNDIAL?

El número de soldados muertos en combate, heridos, prisioneros o desaparecidos no es exacto. Esto se debe a que solo Estados Unidos y Gran Bretaña llevaron un registro exacto de sus soldados, mientras que otros países solo hicieron cálculos aproximados.

La cantidad de civiles fallecidos y de heridos es más difícil de **averiguar**. Lo que sí sabemos es que murieron muchos más civiles que soldados. Los civiles estuvieron en grave peligro durante la guerra, ya que tuvieron que enfrentarse a batallas en tierra, bombardeos aéreos, ejecuciones, enfermedades, hambruna, hundimientos de barcos, etc.

Por estas razones, se cree que el total de fallecidos en la Segunda Guerra Mundial es de entre 35 000 000 y 60 000 000 personas. La Unión Soviética y China fueron los países donde murieron la mayor cantidad de personas.

Pérdidas Humanas durante la Segunda Guerra Mundial					
País	Soldados Fallecidos	Heridos	Prisioneros	Civiles Fallecidos	Total de Fallecidos
Bélgica	12 000	-	-	76 000	88 000
Brasil	943	4222	-	-	1000
Commonwealth Británica	373 372	475 047	251 724	92 673	466 000
Australia	23 365	39 803	32 393	-	24 000
Canadá	37 476	53 174	10 888	-	38 000
India	24 338	64 354	91 243	-	-
Nueva Zelanda	10 033	19 314	10 582	-	10 000
Sudáfrica	6840	14 363	16 430	-	7000
Reino Unido	264 443	277 077	213 919	92 673	357 000
Colonias británicas	6877	6972	22 323	-	7000
China	1 310 224	1 752 951	115 248	-	-
Checoslovaquia	10 000	-	-	215 000	225 000
Dinamarca	1800	-	-	2000	4000
Francia	213 324	400 000	-	350 000	563 000
Grecia	88 300	-	-	325 000	413 000
Holanda	7900	2860	-	200 000	208 000
Noruega	3000	-	-	7000	10 000
Polonia	123 178	236 606	420 760	5 675 000	5 800 000
Filipinas	27 000	-	-	91 000	118 000
Estados Unidos	292 131	671 801	139 709	6000	298 000
Unión Soviética	11 000 000	-	-	7 000 000	18 000 000
Yugoslavia	305 000	425 000	-	1 200 000	1 505 000
Bulgaria	10 000	-	-	10 000	20 000
Finlandia	82 000	50 000	-	2000	84 000
Alemania	3 500 000	5 000 000	3 400 000	780 000	4 200 000
Hungría	200 000	-	170 000	290 000	490 000
Italia	242 232	66 000	350 000	152 941	395 000
Japón	1 300 000	4 000 000	810 000	675 000	1 972 000
Rumanía	300 000	-	100 000	200 000	500 000
Fuente: Enciclopedia Británica ©					

Las principales víctimas de la Segunda Guerra Mundial fueron los judíos y otras minorías exterminadas por el régimen nazi. Es difícil determinar la cantidad exacta de estas víctimas porque los alemanes destruyeron muchos documentos antes de perder la guerra.

Las estimaciones se llevan a cabo a través de análisis demográficos, documentos sueltos y testimonios. Estos asesinatos se realizaron en varios lugares y circunstancias: en campos de concentración, en guetos y en **paredones** de ejecución.

Cantidad de víctimas del régimen nazi durante la Segunda Guerra Mundial	
Judíos	6 millones
Civiles soviéticos	Alrededor de 7 millones
Civiles polacos no judíos	Alrededor de 3 millones
Civiles serbios (incluyendo los de las actuales Croacia y Bosnia-Herzegovina)	312 000
Personas con discapacidades que vivían en instituciones	Hasta 250 000
Romaníes (gitanos)	Hasta 250 000
Testigos de Jehová	Alrededor de 1900
Delincuentes, reincidentes y los denominados antisociales	Por lo menos 70 000
Disidentes políticos, miembros de La Resistencia y homosexuales	Posiblemente miles
Fuente: The Holocaust Encyclopedia ©	

PÉRDIDAS MATERIALES

Las pérdidas materiales de la Segunda Guerra Mundial fueron inmensas y difíciles de calcular con exactitud. Se cree que el coste total de la guerra para el mundo fue de 1 000 000 000 000 de dólares. Esto afectó negativamente a la economía y al bienestar social de los supervivientes.

En Europa, muchas ciudades quedaron totalmente destruidas, incluyendo sus calles, carreteras, industrias y campos de cultivo. Los bombardeos aéreos fueron los principales **causantes** de pérdidas materiales.

Por ejemplo, en Gran Bretaña, los bombardeos alemanes destruyeron el 30 % de las viviendas. Francia, Bélgica y Holanda perdieron el 20 % de las viviendas de sus pobladores. El 30 % de las **edificaciones** de Polonia quedó destruido, así como el 60 % de sus escuelas e instituciones, el 30 % de los campos de cultivo y el 30 % de sus minas, centrales eléctricas e industrias. Alemania quedó muy afectada por los ataques del frente occidental y el frente oriental. Debido a los constantes bombardeos estadounidenses en territorio alemán, se perdieron casi la mitad de todas las grandes ciudades alemanas. Las pérdidas materiales fueron tan grandes en Europa que más de 21 millones de personas se tuvieron que desplazar de sus hogares.

Japón también perdió mucho a causa de los bombardeos estadounidenses en su territorio. 66 ciudades japonesas recibieron ataques, las cuales perdieron aproximadamente el 40 % de sus edificaciones. Esto provocó que casi el 30 %

de la población japonesa perdiera sus hogares. Además, dos ciudades japonesas, Hiroshima y Nagasaki, quedaron **arrasadas** por la explosión de las dos bombas atómicas estadounidenses.

¿Sabías que...?

El 80 % de los fallecidos en la segunda Guerra Mundial fueron de solo cuatro países: Rusia, China, Alemania y Polonia.

Vocabulario

averiguar to determine, to ascertain
paredón firing line, firing wall
reincidente reoffending
denominado known as
causante cause
edificación building, construction
arrasado destroyed

7.3. ¿CUÁLES SON LOS LIBROS Y PELÍCULAS MÁS FAMOSOS SOBRE LA SEGUNDA GUERRA MUNDIAL?

- *La Segunda Guerra Mundial cambió el mundo y tuvo una gran influencia en el desarrollo del siglo XX.*

- *Por esta razón, los directores de cine y escritores han creado muchas películas y libros sobre la Segunda Guerra Mundial.*

- *Estos presentan múltiples perspectivas sobre la guerra, desde historias del frente de los Aliados, hasta relatos de batalla de las fuerzas del Eje.*

TRES PELÍCULAS SOBRE LA SEGUNDA GUERRA MUNDIAL.

Existen muchas películas sobre los **acontecimientos** y personajes de la Segunda Guerra Mundial. A continuación, hablaremos sobre tres películas ambientadas en este conflicto: una sobre la guerra en las islas del Pacífico asiático, otra sobre el desembarco de Dunkerque y la última sobre el Holocausto.

Cartas desde Iwo Jima (2006) es una película producida y dirigida por Clint Eastwood. La acción de esta película tiene lugar durante la batalla de Iwo Jima. En esta isla **se**

libró una de las batallas más importantes entre el ejército estadounidense y el japonés. Esta película muestra el **punto de vista** de los japoneses y cómo defendieron la isla del ataque estadounidense. También muestra la lealtad de los japoneses hacia su emperador y su forma de luchar hasta la muerte.

Dunkerque (2017) es una película escrita, producida y **dirigida** por Christopher Nolan. Trata sobre la Operación Dinamo, durante la que evacuaron a 400 000 soldados de las costas de Dunkerque, Francia. La acción de película se muestra desde tres lugares: tierra, mar y aire. Hay pocos diálogos en este largometraje, ya que se centra en las acciones realizadas por los soldados durante la evacuación.

Por último, *La lista de Schindler* (1993) es una película producida y dirigida por Steven Spielberg. La película es un reflejo del Holocausto ocurrido durante la Segunda Guerra Mundial, y narra la historia de Oskar Schindler, un **empresario** alemán que salvó la vida de más de mil judíos polacos al darles trabajo en su fábrica durante la guerra. La película está en blanco y negro, ya que Spielberg quería que su película tuviera aspecto de **documental** y así darle más realismo a la historia.

TRES LIBROS SOBRE LA SEGUNDA GUERRA MUNDIAL

Existe una gran variedad de libros sobre los acontecimientos y personajes de la Segunda Guerra Mundial. Algunos son de ficción, y otros son crónicas de algunos supervivientes.

Si esto es un hombre es un libro escrito por Primo Levi entre 1945 y 1947. Su autor narra sus **vivencias** en el campo de exterminio de Auschwitz durante la Segunda Guerra Mundial. En toda la obra, Levi narra las atrocidades que vivió cuando fue prisionero de los nazis. Explica cómo sobrevivió a los trabajos forzados. Además, explica las condiciones de vida de los prisioneros judíos: hambruna, violencia, falta de solidaridad, miedo, frio y humillación.

Hiroshima es un libro de reportajes escrito por John Hersey que se publicó en 1946. En él se narran las historias de seis personas que sobrevivieron a la explosión de la bomba atómica en Hiroshima. Los supervivientes eran dos médicos, un **pastor** protestante, una viuda, una trabajadora de una fábrica joven y un sacerdote católico de origen alemán. En ediciones posteriores se añadió un capítulo nuevo sobre la vida de los supervivientes 40 años después del estallido de la bomba atómica.

Stalingrado es un libro escrito por Theodor Plievier y publicado en 1949. Nos cuenta la batalla de Stalingrado, una de las más **cruentas** de toda la Segunda Guerra Mundial. El autor escribió este libro tras entrevistar a varios soldados alemanes capturados por el ejército soviético durante la batalla de Stalingrado.

¿Sabías que...?

Durante la guerra se creó el Comité de actividades de Guerra de Hollywood. Esta asociación coordinó la acción entre el gobierno estadounidense, los estudios de Hollywood y los cines del país para crear películas que ayudaran a los ciudadanos a apoyar la guerra

---

Vocabulario

acontecimiento event
librarse to occur
punto de vista viewpoint, perspective
dirigir to direct
empresario business owner
documental documentary
vivencias experiences
pastor minister
cruento cruel, hard

REFERENCIAS

"Allied powers" (23 de diciembre de 2019). *Encyclopaedia Britannica.* Recuperado el 12 de abril de 2020, en https://www.britannica.com/topic/Allied-Powers-international-alliance.

"Axis powers" (18 de febrero de 2020). *Encyclopaedia Britannica.* Recuperado el 12 de abril de 2020, en https://www.britannica.com/topic/Axis-Powers.

"Batalla de Francia" (18 de abril de 2020). *Encyclopaedia Britannica.* Recuperado el 18 de abril de 2020, en https://www.britannica.com/event/Battle-of-France-World-War-II

"Battle of Britain". (20 marzo 2020). En *Encyclopaedia Britannica.* Recuperado el 29 de abril de 2020, en https://www.britannica.com/event/Battle-of-Britain-European-history-1940.

"Battle of Midway". (6 noviembre 2019). En *Encyclopaedia Britannica.* Recuperado el 29 de abril de 2020, en https://www.britannica.com/event/Battle-of-Midway.

"Battle of Stalingrad". (16 enero 2020). En *Encyclopaedia Britannica.* Recuperado el 29 de abril de 2020, en https://www.britannica.com/event/Battle-of-Stalingrad.

"Battles of El-Alamein". (16 octubre 2019). En *Encyclopaedia Britannica.* Recuperado el 29 de abril de 2020, en https://www.britannica.com/event/battles-of-El-Alamein.

"Benito Mussolini". (24 marzo 2020). En *Encyclopaedia Britannica.* Recuperado el 29 de abril de 2020, en https://www.britannica.com/biography/Benito-Mussolini.

"División Azul" (8 de julio de 2020). *Wikipedia.* Recuperado el 8 de julio de 2020, en https://es.wikipedia.org/wiki/Divisi%C3%B3n_Azul

"Ente Nazionale della Moda" (s.f.). *Enciclopedia della Moda MAM-e*. Recuperado el 20 de mayo de 2020, en https://moda.mam-e.it/ dizionario-della-moda/ente-nazionale-della-moda/

"Franklin D. Roosevelt". (8 abril 2020). En *Encyclopaedia Britannica*. Recuperado el 29 de abril de 2020, en https://www.britannica.com/ biography/Franklin-D-Roosevelt.

"Great Depression" (2 de diciembre de 2019). *Encyclopaedia Britannica*. Recuperado el 13 de abril de 2020, en https://www.britannica.com/ event/Great-Depression.

"Guerra Civil Española" (8 de junio de 2020). *Wikipedia*. Recuperado el 10 de junio de 2020 en https://es.wikipedia.org/wiki/Guerra_civil_espa%C3%B1ola

"Hitler Youth". (31 enero 2020). En *Encyclopaedia Britannica*. Recuperado el 3 de abril de 2020, en https://www.britannica.com/ topic/Hitler-Youth.

"Joseph Stalin". (27 marzo 2020). En *Encyclopaedia Britannica*. Recuperado el 29 de abril de 2020, en https://www.britannica.com/ biography/Joseph-Stalin.

"Lenin" (30 de mayo de 2020). *Wikipedia*. Recuperado el 1 de junio de 2020 en https://es.wikipedia.org/wiki/Lenin

"Liberación de París" (26 de junio de 2020). *Wikipedia*. Recuperado el 8 de julio de 2020 en https://es.wikipedia.org/wiki/ Liberaci%C3%B3n_de_Par%C3%ADs

"Midway Islands" (26 de julio de 2016). *Encyclopaedia Britannica*. Recuperado el 1 de Julio de 2020, en https://www.britannica.com/ place/Midway-Islands

"Normandy Invasion". (16 enero 2020). En *Encyclopaedia Britannica*. Recuperado el 29 de abril de 2020, en https://www.britannica.com/ event/Normandy-Invasion.

"Operation Barbarossa". (7 mayo 2018). En *Encyclopaedia Britannica*. Recuperado el 29 de abril de 2020, en https://www.britannica.com/ event/Operation-Barbarossa.

"Pearl Harbor and the "Back Door to War" Theory. (7 mayo 2018). En *Encyclopaedia Britannica*. Recuperado el 29 de abril de 2020, en https://www.britannica.com/topic/Pearl-Harbor-and-the-back-door-to-war-theory-1688287.

"Pearl Harbor Attack" (8 de enero de 2020). *Encyclopaedia Britannica*. Recuperado el 1 de Julio de 2020, en https://www.britannica.com/event/Pearl-Harbor-attack

"Prisoner of war". (11 diciembre 2018). En *Encyclopaedia Britannica*. Recuperado el 3 de abril de 2020, en https://www.britannica.com/topic/prisoner-of-war.

"Treaty of Versailles" (6 de enero de 2020). *Encyclopaedia Britannica*. Recuperado el 13 de abril de 2020, en https://www.britannica.com/event/Treaty-of-Versailles-1919.

"World War II" (7 de noviembre de 2019). *Encyclopaedia Britannica*. Recuperado el 12 de abril de 2020 en https://www.britannica.com/event/World-War-II.

Barbosa de Oliveira, Alexandre; Franco Santos, Tânia; Alencar Barreira, Ieda; y Almeida Filho, Antonio José. (2009): "Las Enfermeras de la Fuerza Expedicionaria Brasileña y la Divulgación de su Retorno al Hogar". En *Revista Latinoamericana Enfermagen*, XVII-6. Recuperado el 12 de junio de 2020, en www.eerp.usp.br/rlae.

BBC Radio 4 (2015): "Outtake: Death by farting?" En *The Unbelievable Truth*, temporada 14, 1 de febrero de 2015, BBC Radio 4: Inglaterra.

Bielakowski, Alexander (2007). *African American Troops in World War II*. Great Britain: Osprey Publishing.

Brayley, Martin (2001). *War War II Allied Women's Services*. Great Britain: Osprey Publishing.

Brunetta, Gian Piero (2003): "Istituto Nazionale L.U.C.E". En *Enciclopedia del Cinema*. Recuperado el 20 de mayo de 2020 en http://www.treccani.it/enciclopedia/istituto-nazionale-l-u-c-e_%28Enciclopedia-del-Cinema%29/

Calkins, Derreck. (2011): *A Military Force on a Political Mission: The Brazilian Expeditionary Force in World War II*. Tesis de Maestría. Recuperado el 12 de junio de 2020, en https://digitalcommons. georgiasouthern.edu/ctd/600.

Corigliano, Francisco (2001). "La neutralidad acosada (1939-1945): La Argentina frente a la Segunda Guerra Mundial". En *Todo es Historia*, N°506.

El Grupo Editores Venezolanos C.A. (1990). *La Segunda Guerra Mundial. Crónica ilustrada día por día de 1939 a 1945 en dos volúmenes de colección* (Volumen I y II). Caracas.

Europa Press. Winston Churchill, sus discursos más famosos. Extraído el 17 de Mayo de 2020 de https://www.europapress.es/internacional/ noticia-winston-churchill-discursos-mas-famosos-20150124082352. html

Hernadez Galindo, Sergio (2008). "La guerra interna contra los japoneses". En *Dimensión Antropológica*, Año 15, Vol. 43.

Higginbotahn, Michael (2000). "Soldiers for Justice: The Role of the Tuskegee Airmen in the Desegregation of the American Armed Forces". En *William & Mary Bill Of Rights Journal*, Vol. 8, Num. 2.

La Enciclopedia del Estudiante: Tomo 2: Historia Universal. (2006). Buenos Aires: Santillana.

Lowe, Norman. (2010). *Guía Ilustrada de la Historia Moderna*. México D.F.: Fondo de Cultura Económica.

Orwell, George (2000, ed.) *Homage to Catalonia*. London: Penguin Books.

Riva, Ramón. (1994): "Venezuela, petróleo y la Segunda Guerra Mundial (1939-1945): un ejemplo histórico para las nuevas generaciones". En *Revista Economía*, No.10. Mérida: Universidad de los Andes.

Schuler, Friedrich. (1987): "Alemania, México y los Estados Unidos durante la Segunda Guerra Mundial". En *Secuencia: revista de historia y ciencias sociales*, No. 7. Recuperado el 2 de junio de 2020, en http://dx.doi.org/10.18234/secuencia.v0i07.169.

United States Holocaust Memorial Museum, (s/f): "Italia". *Enciclopedia del Holocausto*. Extraído de https://encyclopedia.ushmm.org/content/es/article/italy

Ventosa, J. R. (26 de enero de 2020). El arrogante general McArthur, un héroe incómodo para Washington. *La Vanguardia*. Recuperado el 1 de julio de 2020 en https://www.lavanguardia.com/historiayvida/historia-contemporanea/20200126/473096655132/douglas-macarthur-eeuu-iigm-japon-corea.html

Winks, Robin. (2000). *Historia de la Civilización: de 1648 al Presente* (Volumen II). México, D.F.: Pearson Education.

FIN

THANKS FOR READING!

I hope you have enjoyed this book and that your language skills have improved as a result!

A lot of hard work went into creating this book, and if you would like to support me, the best way to do so would be to leave an honest review of the book on the store where you made your purchase.

Want to get in touch? I love hearing from readers. Reach out to me any time at *olly@storylearning.com*

To your success,

Olly Richards

MORE FROM OLLY

If you have enjoyed this book, you will love all the other free language learning content I publish each week on my blog and podcast: *StoryLearning*.

Blog: Study hacks and mind tools for independent language learners.

www.storylearning.com

Podcast: I answer your language learning questions twice a week on the podcast.

www.storylearning.com/itunes

YouTube: Videos, case studies, and language learning experiments.

https://www.youtube.com/ollyrichards

COURSES FROM OLLY RICHARDS

If you've enjoyed this book, you may be interested in Olly Richards' complete range of language courses, which employ his StoryLearning® method to help you reach fluency in your target language.

Critically acclaimed and popular among students, Olly's courses are available in multiple languages and for learners at different levels, from complete beginner to intermediate and advanced.

To find out more about these courses, follow the link below and select "Courses" from the menu bar:

https://storylearning.com/courses

"Olly's language-learning insights are right in line with the best of what we know from neuroscience and cognitive psychology about how to learn effectively. I love his work!"

Dr. Barbara Oakley,
Bestselling Author of "A Mind for Numbers"